Sportpraxis

Die Buchreihe Sportpraxis informiert in praxisorientierten und wissenschaftlich fundierten Einzelbänden über die Ausführung gängiger Sportarten. Jeder Reihentitel greift eine spezifische Sportart auf und beantwortet die übergeordnete Frage: „Wie wird diese Sportart in der Praxis ausgeführt?".

Die Bücher sind didaktisch-methodisch ausgelegt, enthalten viele Beispiele und überzeugen durch eine kompakte und übersichtliche Aufmachung. Zahlreiche Fotos und Abbildungen erleichtern den Transfer in die praktische Anwendung. Die Mehrzahl der Einzelbände enthält zudem Videoausschnitte – beispielsweise von Technik- oder Taktikelementen – die mithilfe der kostenlosen SN More Media App gestreamt werden können.

Die Reihe richtet sich insbesondere an Sport-Studierende mit Praxismodulen, Trainer*innen im Vereinssport und Freizeitsportler*innen. Die Autorinnen und Autoren der Reihentitel lehren und forschen an Universitäten, sind selbst als Trainer*in aktiv oder engagieren sich in den Dachverbänden der jeweiligen Sportarten.

Anne Krause · Wolfgang Hillmann ·
Konstantin Rehlinghaus

Feld- und Hallenhockey – Das Praxisbuch für Studium, Training und Freizeitsport

Anne Krause
Deutsche Sporthochschule Köln
Köln, Deutschland

Wolfgang Hillmann
Deutsche Sporthochschule Köln
Köln, Deutschland

Konstantin Rehlinghaus
Deutsche Sporthochschule Köln
Köln, Deutschland

Die Online-Version des Buches enthält digitales Zusatzmaterial, das durch ein Play-Symbol gekennzeichnet ist. Die Dateien können von Lesern des gedruckten Buches mittels der kostenlosen Springer Nature „More Media" App angesehen werden. Die App ist in den relevanten App-Stores erhältlich und ermöglicht es, das entsprechend gekennzeichnete Zusatzmaterial mit einem mobilen Endgerät zu öffnen.

ISSN 2662-9542   ISSN 2662-9550   (electronic)
Sportpraxis
ISBN 978-3-662-68884-7   ISBN 978-3-662-68885-4   (eBook)
https://doi.org/10.1007/978-3-662-68885-4

Die Deutsche Nationalbibliothek verzeichnet diese Publikation in der Deutschen Nationalbibliografie; detaillierte bibliografische Daten sind im Internet über https://portal.dnb.de abrufbar.

Covermotiv: © stock.adobe.com/Augustas Cetkauskas/ID 325200075_Covergestaltung: deblik, Berlin

Planung/Lektorat: Ken Kissinger
Springer Spektrum ist ein Imprint der eingetragenen Gesellschaft Springer-Verlag GmbH, DE und ist ein Teil von Springer Nature.
Die Anschrift der Gesellschaft ist: Heidelberger Platz 3, 14197 Berlin, Germany

Das Papier dieses Produkts ist recycelbar.

Springer Nature More Media App

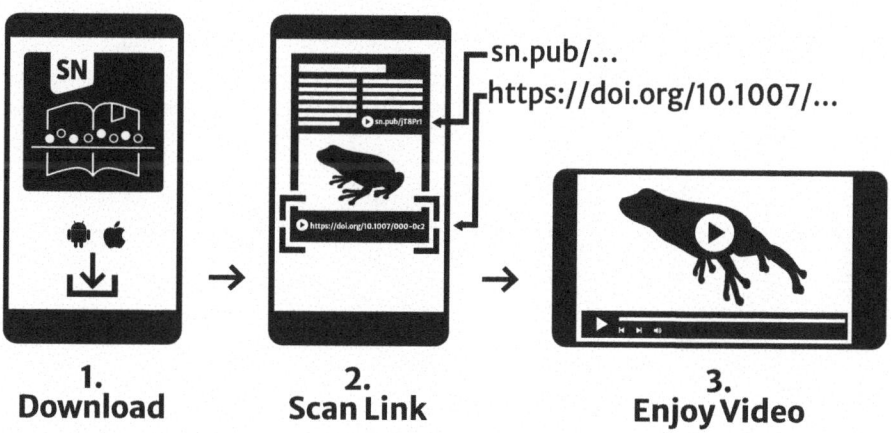

sn.pub/...
https://doi.org/10.1007/...

1.
Download

2.
Scan Link

3.
Enjoy Video

Support: customerservice@springernature.com

Vorwort

Hockey stellt eine der beliebtesten Mannschaftsportarten in Deutschland dar. Die Nationalmannschaften der Frauen und Männer gehören dabei seit Jahrzehnten zur internationalen Spitze. Sowohl an (Hoch-)Schulen als auch im Freizeit- und Vereinssport gewinnt Hockey als Sportspiel an Relevanz. Das vorliegende Buch soll Studierenden, Übungsleiter*innen und Trainer*innen im Breitensport einen Überblick über die Grundlagen des Feld- und Hallenhockeys zum Erlernen und zur Vermittlung der Sportart für Spielanfänger*innen bieten.

Hockey wird als koordinativ anspruchsvolles Sportspiel aufgrund der Komplexität und Angst vor Verletzungen häufig gemieden. Dabei bietet diese Sportart eine Vielzahl an Vorteilen: Dadurch, dass es im Vergleich zu anderen Sportspielen weniger Sportler*innen gibt, die Hockey spielen, haben Spielanfänger*innen im Hockey meistens ähnliche – keine – Vorerfahrungen. Das Geschlechterverhältnis ist gerade in den jüngeren Altersgruppen ausgewogen; Hockey wird jedoch über alle Altersgruppen hinweg gespielt. Es werden koordinative und konditionelle Fähigkeiten und Fertigkeiten angesprochen und geschult. Als zweikampfarmes Sportspiel und mithilfe der korrekten Anleitung kann schließlich das Verletzungsrisiko minimiert werden. Gleichzeitig wird der Spaß am Sportspiel durch die Kombination der Idee eines Ziel- oder Torschussspiels (Schießen und Verhindern von Toren) mit der eines Invasionsspiels (Eindringen in eine Torschusszone) gesteigert.

Ziel ist es, mithilfe des vorliegenden Buches, Möglichkeiten aufzuzeigen, wie jede*r Interessierte einen motivierenden Start in das Sportspiel erhalten kann. Hierfür werden zunächst sportspielübergreifende und -gerichtete Spiele sowie anschließend sportspielspezifische Inhalte der Technik, Taktik, Kondition und Koordination dargestellt und miteinander kombiniert.

Mit mehr als 20 Übungs- und Spielformen mit sukzessiven Schwierigkeitssteigerungen und >100 grafischen Darstellungen werden praktische Beispiele gegeben, wie Hockey in unterschiedlichen Settings geübt und gespielt werden kann. Durch eine Vielzahl an methodisch-didaktischen Hinweisen wird ein besonderer

Fokus auf die Schulung der Vermittlungskompetenz des Sportspiels im Breitensport gelegt.

Durch die Darstellung der vielfältigen Möglichkeiten von Hockey soll das Buch dazu beitragen, die Faszination Hockey weiter zu verbreiten und Interessierte für ein lebenslanges Hockeyspielen zu motivieren.

Anne Krause
Wolfgang Hillmann
Konstantin Rehlinghaus

Preface

Field hockey is one of the most popular team sports in Germany; the men's and women's national teams have been among the top international teams for decades. Field hockey is becoming increasingly relevant as a sports game both at (high) schools, universities as well as in recreational and sports clubs. This book intends to provide students, trainers and coaches in popular sports with an overview of the basics of field and indoor hockey for beginners to learn the sport.

As a coordinatively demanding sport, field hockey is often avoided due to its complexity and fear of injury. Yet this sport offers a number of advantages: Due to the fact that there are fewer athletes who play field hockey compared to other sports games, beginners usually have similar previous experience – namely none – in field hockey. The gender ratio is balanced, especially in the younger age groups; however, field hockey is played across all age groups. It addresses and trains co-ordination and conditioning skills and abilities. As a non-combative sports game and with the help of correct instruction, the risk of injury can be minimized. At the same time, the fun of the game is increased by combining the idea of a target shooting game (shooting and preventing goals) with that of an invasion game (penetrating a scoring zone).

The aim of this book is to show ways in which beginners can get a motivating start to the game. To this end, basic games and sport-specific content on technique, tactics, fitness and coordination are presented and combined. With more than 20 exercises and games for different levels of play and >100 graphic illustrations and practical examples are provided on how field hockey can be played in different settings. In addition, a large number of methodological and didactic tips are integrated in order to place a special focus on training teaching skills of field hockey as a popular sport.

By presenting the diverse possibilities of hockey, the book intends to help spread the fascination of field hockey further and create interest in the game.

Anne Krause
Wolfgang Hillmann
Konstantin Rehlinghaus

Danksagung

Ein besonderer Dank wird allen Unterstützerinnen und Unterstützern ausgesprochen, die zur Erstellung des vorliegenden Buches beigetragen haben. Hervorzuheben sind hierfür die Fotografinnen Christine Hanneforth und Pia Marquardt sowie alle Hockeyspielerinnen und Hockeyspieler, die sich zur Erstellung des Bildmaterials zur Verfügung gestellt haben: Jean-Paul Danneberg, Nils Dreschke, Fynn Hochhaus, Pauline Lindemann, Tom Stahl, Lukas Trompertz und Elias Würker.

Außerdem geht ein Dank an Lennard Leist für seine fachliche Beratung als Experte des Abschn. 5.5 sowie an alle Lektorinnen und Lektoren.

Inhaltsverzeichnis

Über die Autoren

Wolfgang Hillmann spielt seit seiner Kindheit Hockey, war langjähriger Bundesligaspieler und ist aktuell als Masters-Spieler aktiv. Als Trainer von hochklassigen Damen-, Herren- und Jugendmannschaften und als Leitung des Lehr- und Forschungsgebiets Hockey der Deutschen Sporthochschule Köln von 1980 bis 2017 hat er vielfältige Erfahrungen in der Vermittlung des Sportspiels im Breiten- und Leistungssport sammeln können. Als Co-Trainer der deutschen Nationalmannschaften, war er insbesondere für die Entwicklung der video- und datengestützten Spielanalyse tätig. Er veröffentlichte zahlreiche Buch- und Zeitschriftenbeiträge und engagierte sich umfangreich in der Lehrkommission des Deutscher Hockey-Bund (DHB). Weitere Aktivitäten sind langjährige Mitgliedschaften in nationalen und internationalen Normungskomitees zu Kunststoffrasensystemen und Hockeyspielgeräten.

Ehrenamtlich setzte und setzt er sich sowohl auf nationaler (u. a. Vizepräsident Jugend DHB, Präsident des DHB) als auch auf internationaler Ebene für den Hockeysport ein (u. a. Executive Board, World Masters Hockey; Vorsitzender German Masters Hockey).

Dr. rer. nat. Anne Krause arbeitet am Institut für Trainingswissenschaft und Sportinformatik, Abteilung Sportspielforschung und Sportinformatik und leitet aktuell das Lehr- und Forschungsgebiet Hockey der Deutschen Sporthochschule Köln. Seit ihrer Kindheit spielt sie Hockey in Köln und Freiburg i.Br. und ist inzwischen in der Aus-, Fort- und Weiterbildung von Trainer*innen, Lehrer*innen und Interessierten im Bereich Hockey tätig.

Neben ihrer Lehrtätigkeit betreut sie an der Deutschen Sporthochschule Köln zahlreiche Abschlussarbeiten der Bachelor- und Masterstudiengänge und veröffentlicht wissenschaftliche Beiträge in Fachzeitschriften.

Ehrenamtlich engagierte sie sich 2021–2023 als Vizepräsidentin Sportentwicklung des DHB und war Hochschulbeauftragte in der Lehrkommission des DHB.

Konstantin Rehlinghaus ist ausgebildete Lehrkraft für die Fächer Sport und Geschichte und unterrichtete bereits Schüler*innen aller Jahrgangsstufen. Aktuell ist er wissenschaftlicher Mitarbeiter am Institut für Sportdidaktik und Schulsport und in dieser Funktion u. a. in der Lehrer*innenbildung der Deutschen Sporthochschule

Köln tätig. Seit seiner Kindheit ist er Vereinsspieler und leitet aktuell den Bereich Hockey für den Hochschulsport in Köln. Viele Jahre war er zudem Headcoach in der Ballschule Ballinos und in dieser Funktion verantwortlich für die Weiterbildung und Ausbildung von Trainer*innen. Er konnte bereits mehrere Praxisartikel über Hockey in der Ballschule und im Anfänger*innenbereich veröffentlichen.

Abkürzungsverzeichnis

3D-Hockey	Dreidimensionales Hockey (Ballführung in der Luft)
DHB	Deutscher Hockey-Bund e. V.
EHF	European Hockey Federation
FIH	Fédération International de Hockey
IWHA	International women's hockey association
SSG	Small-Sided Games; Übersetzung: Spielformen
TGFU	Teaching Games for Understanding
TH	Torhüter*in (TW – Torwart*in)

Abbildungsverzeichnis

Tabellenverzeichnis

Einleitung

Feld- und Hallenhockey gelten als schnelle und koordinativ anspruchsvolle Spiele, welche insbesondere bei internationalen Großevents wie den Olympischen Spielen in den Fokus rücken. Die Deutschen Nationalmannschaften gehören dabei zu den erfolgreichsten Top-5-Nationen der Weltrangliste (FIH 2023) sowie zu den Top-3-Nationen unter den Medaillengewinner*innen im Feldhockey bei den Olympischen Spielen (Statista und Gough 2022). Mit rund 89.000 Mitglieder (DOSB Bestandserhebung 2022) gehört der Deutsche Hockey-Bund e. V. (DHB) zwar zu den kleineren Verbänden; der familiäre Umgang und das weitreichende Netzwerk zeichnen die Sportart im Verband jedoch aus: Die enge Bindung der „Hockeyfamilie" wurde beispielsweise dann deutlich, als der Dachverband im Feld- und Hallenhockey – im Gegensatz zu vielen anderen Verbänden – trotz Pandemie einen Zuwachs von +5,91 % der Mitgliedszahlen verzeichnen konnte (Lerche 2022). Gleichzeitig wird das Sportspiel insbesondere im Kinder- und Jugendbereich von Mädchen und Jungen gleichermaßen wahrgenommen (DOSB Bestandserhebung 2022).

Auf internationaler Ebene wird das Sportspiel durch den europäischen Verband (European Hockey Federation, EHF, Gründung 1969) sowie den Weltverband (Fédération International de Hockey, FIH, Gründung 1924) vertreten. Internationale Wettbewerbe der Nationalmannschaften Frauen und Männer umfassen Europa- und Weltmeisterschaften, ebenso wie Turniere der Weltliga und schließlich die Olympischen Spiele. Für die Nationalmannschaften der weiblichen/ männlichen U21 werden Europa- und Weltmeisterschaften ausgetragen. Für die Jugend-Nationalmannschaften der weiblichen/ männlichen U16 gibt es europäische Turniere und für die weibliche/ männliche U18 gibt es Europameisterschaften. Für Klubmannschaften im Erwachsenenbereich werden die Deutschen Meisterschaften und auf europäischer Ebene die European Hockey League (EHL) ausgetragen. Für die Klubmannschaften im Jugendbereich gibt es für die weibliche/ männliche U6–U12 die Bezirks-/ Verbandsmeisterschaften und für die weibliche/ männliche U14–U18 Deutsche Meisterschaften.

© Der/die Autor(en), exklusiv lizenziert an Springer-Verlag GmbH, DE, ein Teil von Springer Nature 2024
A. Krause et al., *Feld- und Hallenhockey – Das Praxisbuch für Studium, Training und Freizeitsport,* Sportpraxis, https://doi.org/10.1007/978-3-662-68885-4_1

Gespielt wird Hockey dabei mit zehn Spieler*innen plus Torhüter*in gegen zehn Spieler*innen plus Torhüter*in auf einem Kunststoffrasenfeld (Feldhockey) oder mit fünf Spieler*innen plus Torhüter*in gegen fünf Spieler*innen plus Torhüter*in in der Halle (Hallenhockey). Tore können geschossen und verteidigt werden, indem der Ball mit einem Schläger gespielt wird. Der Ball darf dabei nur mit der flachen Seite des Schlägers berührt werden; die Nutzung des Fußes oder Körpers ist – außer für Torhüter*innen – nicht erlaubt. Die Besonderheit im Hockey ist dabei, dass es sich nicht nur um ein Torschussspiel, sondern gleichzeitig auch um ein Invasionsspiel handelt. Das bedeutet, dass ein Tor lediglich dann gültig ist, wenn der Ball innerhalb der Torschusszone (dem Schusskreis) ins Tor befördert wird.

Hockey ist wenig verletzungsanfällig, da durch das Regelwerk der Zweikampf zwischen die Schläger verlagert ist. Durch wenig Schutzausrüstung bleibt dabei die Beweglichkeit der Spielenden bestehen und kann von den Kleinsten (im Hockey „Minis") bis zu den Ältesten (im Hockey „Senior*innen und Masters") gespielt werden.

Feld- und Hallenhockey sind dabei als schnelle Sportarten bekannt und werden ständig weiterentwickelt. So ist vielen Hockeyfans im Gedächtnis geblieben, wie das Viertelfinale zwischen der neuseeländischen und der deutschen Herren-Nationalmannschaft bei den Olympischen Spielen in Rio de Janeiro (2016) in weniger als einer Minute von einem 1:2 durch ein packendes Spiel in ein 3:2 umgewandelt werden konnte und die Honamas (Abk. für: HOckey NAtionalmannschaft MAenner) in das Halbfinale einziehen konnten. Ferner wurden die Honamas 2023 nach mehreren Spielen, in welchen sie Rückstände in Führungen umwandeln konnten, Weltmeister. Die Danas (Abk. für: DAmenhockey NAtionalmannschaft) konnten sich in jüngster Vergangenheit für diverse Finalspiele qualifizieren. Zusätzlich zu dem schnellen Spiel führt die ständige Weiterentwicklung des Regelwerks dazu, dass die taktische Variabilität, aber auch die Sicherheit der Spielenden gewährleistet wird.

In den nachfolgenden Kapiteln wird das Sportspiel in seinen Facetten vorgestellt und mit einer Vielzahl an Beispielen für Spielanfänger*innen – aber auch für Fortgeschrittene – erläutert.

Literatur

DOSB (01.10.2022) Bestandserhebung 2022. https://cdn.dosb.de/user_upload/www.dosb.de/uber_uns/Bestandserhebung/BE-Heft_2022.pdf. Zugegriffen: 03. Apr. 2023

FIH (2023) Outdoor rankings. https://www.fih.hockey/outdoor-hockey-rankings. Zugegriffen: 09. Nov. 2023

Lerche M, Deutschlandfunk (23.10.2022) Mit Mannschaftsspirit und Pragmatik durch die Krisen. Deutschlandfunk. https://www.deutschlandfunk.de/mitgliederzahlen-dosb-100.html. Zugegriffen: 05. Nov. 2023

Statista/ Gough C (17.11.2022). Medal count of men's field hockey at the Summer Olympics from 1908 to 2021. https://www.statista.com/statistics/1225256/olympic-hockey-mens-medal-count/. Zugegriffen: 02. Apr. 2023

Entwicklungen des Hockeysports

2

Zusammenfassung

Für ein grundlegendes Verständnis zur Entstehung des Sportspiels Hockey werden die Ursprünge der Stockballspiele und die analogen Entwicklungen in anderen Mannschaftsspielen bis zu den aktuellen Ausprägungen des Sportspiels Hockey in Feld- und Hallenhockey dargestellt. Als besonderer Schwerpunkt zu den Entwicklungen werden die Änderungen zum Spielfeldbelag und die Spielregeländerungen beschrieben.

Die Ursprünge des Hockeysports sind Stockballspiele, zu denen sich auf nahezu allen Kontinenten Nachweise finden (Diem 1982; Miroy 1986; Richert 1956). Stockballspiele sind alle Arten von Mannschaftsspielen, in denen der Ball mit einem Schläger bewegt wird (u. a. Hockey, Eishockey, Hurling, Shinty, Bandy, Floorball, Polo).

Die Entwicklung des Hockeysports ist eng verbunden mit der Gründung der englischen Hockey Association im Jahr 1886. Es ist das Verdienst der Engländer*innen, dass sie mit der Organisation von Fußball und Rugby auch dem Hockeyspiel eine sportgemäße Form gaben. 1875 entstanden die ersten Hockeyregeln. Sie hielten die Spieler*innen zum Spiel ohne körperlichen Kontakt an und unterschieden sich so grundlegend von Fußball- und Rugbyregeln (Budinger et al. 1980).

Die wichtigste Änderung in der Entwicklung zur aktuellen Form des Feldhockeysports stellt der Wechsel des Spielfeldbelages von Naturrasen zu Kunststoffrasen dar. Diese Änderung lässt sich insbesondere am Beispiel der olympischen Hockeyturniere 1972 München auf Naturrasen zu 1976 Montreal auf Kunststoffrasen nachvollziehen.

© Der/die Autor(en), exklusiv lizenziert an Springer-Verlag GmbH, DE, ein Teil von Springer Nature 2024
A. Krause et al., *Feld- und Hallenhockey – Das Praxisbuch für Studium, Training und Freizeitsport*, Sportpraxis, https://doi.org/10.1007/978-3-662-68885-4_2

Die normative Ebenflächigkeit des Kunststoffrasenbelages für Hockey hat in besonderer Weise zur heutigen Spieldynamik beigetragen. Dadurch ebnete sich der Weg für zahlreiche Änderungen der Hockeyregeln sowie moderner Ausrüstungsgegenstände (Hockeyschläger, -ball, Torhüter*innenausrüstung und Schutzausrüstung der Feldspieler*innen) (Milner 1959; DHB 1999, 2010; Featherstone 2015).

Im Nachfolgenden wird der Zusammenhang zwischen Spielregeländerungen und deren Wirkung beschrieben. Aus der Entwicklung der Spielregeln sollen nur einige besonders spielbeeinflussende Veränderungen hervorgehoben werden. So hatte das Bully in den fünfziger Jahren noch eine große Bedeutung. Dieses wurde zu Beginn des Spiels und nach der Halbzeit sowie nach unklaren Freischlagentscheidungen u. ä. eingesetzt. Zur Durchführung standen sich zwei Spieler*innen mit ihren linken Schultern in Spielrichtung gegenüber und berührten mit ihren Schlägern zunächst den Boden und anschließend den gegenüberliegenden Schläger in der Luft über dem Ball (Abb. 2.1). Die Aktion wurde damals dreimal (heute einmal) wiederholt, bevor der Ball zum Spielen freigegeben wurde.

Als besondere Variante des Bullys gab es den Torbully, der als Vorläufer des 7 m gilt. Insbesondere die Kombination aus Fehlern bei Torhüter*innen beim Torbully, die zu einem Straftor führten, brachte eine Veränderung zum 7 m. Im Hockeyweltverband der Frauen IWHA galt diese Regelung viel länger als in der herrenhockeyzuständigen FIH (1963). Der Viertellinienbully eröffnete das Spiel als Vorläufer des heutigen Abschlags. Selbstverständlich mussten zu dieser Ausführung alle Spielenden auf die Bullylinie zurückkehren. Die Abschlageinführung (Schusskreisrandfreischlag) brachte 1957 eine Spielbeschleunigung. Ab 1961 wurde auch die damals sogenannte amerikanische Strafecke (nur noch sechs Spieler*innen zur Verteidigung zugelassen) eingeführt. Die Chancen der Angreifenden sollten durch diese Regeländerung erhöht werden. Um die Wahrscheinlichkeit

Abb. 2.1 Torbully im Vorschlussrunden-Wiederholungsspiel Niedersachsen-Berlin 1955 (DHB 1959, S. 77)

einen Treffer zu erzielen, zu steigern, wurde die Veränderung vom Einrollen des Balls nach Seitenlinienaus zum Einschieben auf der Seitenlinie (1970) und späteren Erlauben des Einschlagens (1983) eingeführt. Eine Chancenerhöhung für die Angreifenden stellte auch die Abschaffung der strafeckenähnlichen Ausführung der langen Ecke (alle Spieler*innen mussten hinter die eigene Grundlinie) zum Eckfreischlag (1984) dar. Eine bedeutsame Veränderung zum Spielen des Balls war das Abschaffen der Stockfehlerregel (Heben des Stockes über Schulterhöhe) (1983), welche durch die Regel *Gefährliches Spiel* und das Verbot des Handstoppens für Feldspieler*innen (1983) ersetzt wurde. Damit verbunden waren insbesondere Veränderungen des Schlägerstoppens bei der Strafeckenausführung. Nächstfolgende bedeutsame Veränderung war die Spielregeländerung des sogenannten Sperrens zur Regel *Aktive Behinderung* (1992). Die Entwicklungsgeschichte der Abseitsregel geht von der Aufhebung der Wirksamkeit des Abseits durch drei Spieler*innen der Verteidigung zu zwei Spieler*innen (1972). Nach Einführung der Wirksamkeitsgrenze der Dreiviertellinie statt der Mittellinie (1987) gab es dann 1996 die Versuchsregel ohne Abseits, die 1998 dann zur Abschaffung des Abseits führte. Die Spieldynamik wurde in der Folge weiter durch die Änderung der Anzahl von zwei auf drei Auswechselspieler*innen (1989) und das Erlauben von ständigen Wechseln über den gesamten Kader (1992) erhöht. Spektakuläre Technikänderungen waren in den achtziger Jahren die sogenannten Hochweitschläge, die aber 1987 verboten wurden. Anders ging es mit der Entwicklung der sogenannten Kantenschläge. Die Kanten der flachen Schlägerseite gelten als zugehörig der flachen Seite des Hockeystockes (DHB 1999).

Eine weitere spieldynamikerhöhende Wirkung brachte die „Selfpass"-Ausführung aller Freischlagbestimmungen mit sich (2009). 2015 wurde das Spielen des Balls über Schulterhöhe erlaubt und damit das Entstehen weiterer Ballannahmemöglichkeiten gefördert. Regulatorische Änderungen zu Abstand zwischen Spieler*innen, Ausführungspunkte von sogenannten Langen Ecken, Reduzierung der Spieler*innenanzahl bei der Strafeckenabwehr, Spielzeitänderung von Halbzeiten in Viertel (2014/2015), Einführung von „Shoot-out" statt 7 m-Schießen (2015/2017) ergänzen die beschriebene Entwicklung.

Seit dem Olympischen Hockeyturnier 2008 in Peking gibt es den Videobeweis bei internationalen Turnieren (Olympische Spiele, Weltmeisterschaften, Kontinentalmeisterschaften, FIH Pro League und in vielen Ländern auch bei den nationalen Meisterschaften Krause und Hillmann 2022, S. 115).

Literatur

Budinger H, Hillmann W, Strödter W (1980) Hockey Training, Technik, Taktik. Rowohlt, Reinbek bei Hamburg

Deutscher Hockey-Bund (1959) Hockey in Deutschland – Eine Chronik aus Anlaß des 50jährigen Bestehens des Deutschen Hockey-Bundes. Hamburg

Deutscher Hockey-Bund e. V. (1999) Innenansichten aus 90 Jahren Hockey-Familie. Leverkusen

Deutscher Hockey-Bund e. V. (2010) 100 Jahre Deutscher Hockey-Bund e.V. Frehner, Füssen

Diem C (1982) Asiatische Reiterspiele. Olms Presse, Hildesheim, Zürich, New York

Featherstone G (2015) The Hockey Dynamic. Spring City
Krause A, Hillmann W (2022) Spielanalyse im Hockey. In: Memmert (Hrsg) Spielanalyse im
    Sportspiel. Springer, Berlin
Milner G (1959) Hockey in Deutschland. Hrsg Hamburg
Miroy N (1956) The History of Hockey. Lifeline, Runnymede
Richert P (1956) Hockey. Sportverlag, Berlin

Grundlagen des Sportspiels Hockey/ Spielidee

Zusammenfassung

Im folgenden Kapitel wird das Sportspiel Hockey in seinen Grundzügen vorgestellt. Dazu wird zunächst die zentrale Spielidee anhand von sportspielübergreifenden Klassifizierungssystemen erläutert. Darauf aufbauend werden zentrale Rahmenbedingungen, Begrifflichkeiten und Spielregeln vorgestellt. Es wird eine Auswahl an grundlegenden Spiel- und Wettkampfnormen dargestellt, die sich insbesondere für Spielanfänger*innen eignen.

Die Spielidee im Hockey ist es, eigene Tore zu erzielen und gleichzeitig gegnerische zu verhindern. Der Ball darf in dem Spiel ausschließlich mit der flachen Seite des Schlägers, also mit der Keule, dem Schlägerschaft und der Innenkante, angehalten, abgelenkt oder fortbewegt werden. Ein Tor gilt dann als erfolgreich, wenn der Ball innerhalb der Torschusszone, dem gegnerischen Schusskreis, auf das Tor geschossen wurde und die Torlinie vollständig überquert hat.

▶ Sportspiele zeichnen sich durch ihren leistungsorientierten Charakter aus. Es gibt ein vorgegebenes Regelwerk, Handlungsfreiräume und die Aufgabenstellungen sind offen gestaltet (Memmert und Furley 2014). Der konkurrenzorientierte Gedanke sowie das eindeutige Ende durch den Ablauf der Spielzeit und die Finalspannung werden zudem in den Definitionen von Dietrich (1984) und Kolb (2005) deutlich. Die Autoren charakterisieren die Spielidee beim Sportspiel so, dass „... gegeneinander gerichtete, wechselseitige und simultane Angriffs- und Abwehrhandlungen [stattfinden], in denen die Spielgegner die gleiche Absicht verfolgen, ein Spielobjekt in ein (in der Regel vom Gegner verteidigtes) Ziel zu bringen" (Dietrich 1984, S. 17) beziehungsweise „... ein Objekt gegen den Widerstand

© Der/die Autor(en), exklusiv lizenziert an Springer-Verlag GmbH, DE, ein Teil von Springer Nature 2024
A. Krause et al., *Feld- und Hallenhockey – Das Praxisbuch für Studium, Training und Freizeitsport*, Sportpraxis, https://doi.org/10.1007/978-3-662-68885-4_3

einer Gegenpartei in ein Ziel [gebracht wird, um] gleichzeitig zu verhindern, dass einer Gegenpartei, die dasselbe Ziel verfolgt, dies gelingt" (Kolb 2005, S. 30).

Mithilfe einer Vielfalt an Klassifikationssystemen wird versucht, (Sport-)Spiele in Gruppen zusammenzufassen. Dabei wird das Mannschaftsspiel Hockey der Gruppe der

- Tor-, Mal- und Korbspiele ohne Körperbehinderung (Stiehler et al. 1988),
- Invasionsspiele (nach Roth 2005 nach Griffin et al. 1997),
- Torschussspiele (nach Roth et al. 1999) und der
- Zielschussspiele (Memmert und Furley 2014; Haubenberger 2012) zugeordnet.

Die letzten beiden Gruppierungen sind im Modell des spielerisch-impliziten Lernens nach Roth et al. (2006) bzw. dem *Teaching Games For Understanding* (TGFU, Bunker und Thorpe 1982; Bunker et al. 1986) dargestellt. In Abgrenzung zu Rückschlagspielen zeichnet sich diese Gruppe dadurch aus, dass es keine räumliche Trennung zwischen den Teams gibt, Mehrkontakte und Ballsicherung erlaubt sind, direkte Zweikämpfe ausgeführt werden können und in verschiedene Richtungen gespielt werden darf.

Feld- und Hallenhockey sind dabei zweikampfreduzierte Sportarten. Das Regelwerk gibt vor, dass gegnerische Spieler*innen nicht mit Schläger oder Ball gefährdet oder blockiert werden dürfen. So darf der Schläger weder Körper anderer Spieler*innen noch deren Schläger berühren.

Die Sportart Hockey wird im nationalen Betrieb traditionell in den Zeiträumen April bis Oktober auf einem Kunststoffrasen im Freien und in den Monaten November bis Februar/ März in der Halle durchgeführt. Im internationalen Raum ist die Feldhockeyvariante nicht zuletzt durch ihren olympischen Status deutlich etablierter. Die Nationalmannschaften trainieren dadurch fast ganzjährig auf dem Feld. In dem vorliegenden Buch liegt dementsprechend der Fokus auf der Darstellung der Techniken und Taktiken des Feldhockeys; Differenzierungen zum Hallenhockey werden genannt.

Feld- und Hallenhockey bringen einige Besonderheiten u. a. hinsichtlich des Spielfeldes, der Ausrüstung bzw. des Materials und der Regeln mit sich, auf die im Folgenden näher eingegangen wird.

3.1 Spielausrüstung/ Material

Feld- und Hallenhockey wird mit Schlägern aus Holz oder festem Kunststoff (Carbon, Basisgröße Erwachsene 93 cm, maximal erlaubt 105 cm), mit einer Schlägerflächenbreite von 5 cm und maximaler Schlägerkrümmung von 25 mm gespielt. Der Kunststoffball misst ca. 224–235 mm (Umfang) und wiegt ca. 156–163 g. Der Feldschläger ist an der Keule und dem Schaft breiter als ein Hallenschläger, da im Feldhockey auch harte, geschlagene Bälle erlaubt sind. Im Gegensatz dazu ermöglicht der schmalere Hallenschläger schnellere Dribblings und Schlenzer mit dem Ball. Während die Oberfläche eines Feldhockeyballs kleine Einkerbungen hat, ist die Oberfläche des Hallenhockeyballs glatt.

Eine Schutzausrüstung im Anfänger*innenbereich besteht in der Regel aus Schienbeinschonern, einem Mundschutz und einem Hallen- bzw. Feldhandschuh. Der Handschuh wird dabei nur an der linken Hand getragen und schützt die Hand bei einer tiefen, einhändigen Abwehr mit dem Schläger. Der*die Torhüter*in trägt eine entsprechende Ausrüstung (siehe Abschn. 5.5). Für den Schulsport wird eine Schutzausrüstung explizit empfohlen, sofern nicht Loch- oder weiche Bälle (z. B. Tennisbällen) genutzt werden (siehe dazu auch MSB, 2020).

Für den Start sollte ein Schläger pro Person und mindestens ein Ball für zwei Teilnehmende zur Verfügung stehen.

3.2 Rahmenbedingungen Spiel

Spielfeld. Die Spielfeldgröße im Feldhockey beträgt 91,40 × 55 m (Abb. 3.1) Gespielt wird in der Regel auf einem gewässerten Kunstrasen, damit der Ball möglichst schnell rollen kann. Das Feld ist in vier Viertel unterteilt. Hallenhockey wird auf einem 40 × 20 m großen Spielfeld gespielt (Abb. 3.2). In den letzten beiden Vierteln befindet sich jeweils ein Schusskreis, welcher die Torschusszone markiert. Im Gegensatz zum Feldhockey wird das Spielfeld in der Halle auf beiden Längsseiten durch ca. 10 cm hohe Holzbanden begrenzt. Das Spielen des Balls gegen die Bande ist im Hallenhockey erlaubt.

Spieler*innenanzahl. Im Erwachsenenbereich wird Hockey auf dem Feld mit insgesamt zehn Spieler*innen zuzüglich eines*einer Torhüter*in gespielt. In der Halle spielen je fünf Spieler*innen zuzüglich eines*einer Torhüter*in gegen-

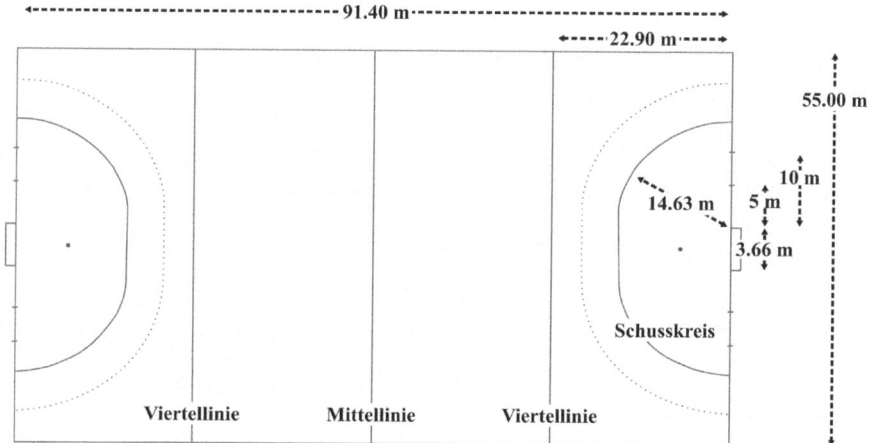

Abb. 3.1 Feldmaße Feldhockey (Großfeld)

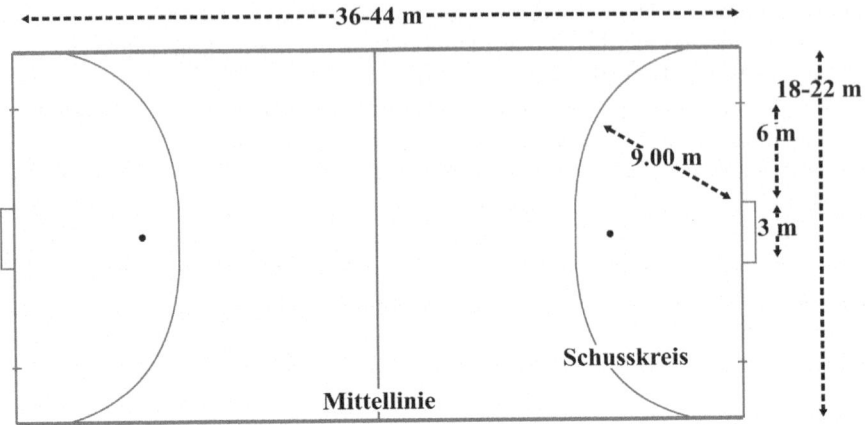

Abb. 3.2 Feldmaße Hallenhockey

einander. Der*die Torhüter*in kann durch eine*n Feldspieler*in der eigenen
Mannschaft ersetzt werden. Davon wird insbesondere in einer Rückstandssituation
kurz vor Ende des Spiels im Erwachsenenbereich Gebrauch gemacht.

Das Spiel startet mit einem Anstoß vom Mittelpunkt. Startposition für beide
Teams ist die jeweils eigene Spielfeldhälfte auf den Startpositionen Sturm (drei),
Mittelfeld (drei), Innen- (zwei) und Außenverteidigung (zwei) sowie Tor. Der Ball
darf ausschließlich mit dem Schläger innerhalb der Spielfeldbegrenzung gespielt
werden; die Einhaltung des Regelwerks wird von zwei Schiedsrichter*innen über-
wacht.

Spieldauer. Die Spieldauer wird durch den DHB und die internationalen Ver-
bände festgelegt und beträgt in der Regel 60 min. Die wichtigsten Unterschiede
zwischen Feld- und Hallenhockey werden in Tab. 3.1 zusammengefasst.

Tab. 3.1 Differenzierung Rahmenbedingung Halle Feld

	Halle	Feld
Schutzausrüstung Feldspieler*innen	Schienbeinschoner, Mundschutz, Handschutz empfohlen	Schienbeinschoner, Mund- schutz, Handschutz erlaubt
Spielfeldgröße	40 × 20 m (Abweichung ±4 × ±2 möglich)	91,40 × 55 m
Anzahl der Spieler*innen	5 + TH (+6 Ersatz)	10 + TH (+5 Ersatz)
Spieldauer	4 × 10 min (15 min), Viertelpause 1 min, Halbzeitpause 3 min	4 × 15 min, Viertelpause 2 min, Halbzeitpause 5 min
Alleinstellungsmerkmal (Halle vs. Feld)	Seitenbanden dürfen benutzt wer- den; Schlagen des Balls ist nicht erlaubt	Kunststoffrasenuntergrund; Spielen des Balls in der Luft (3D-Hockey, s. u.) erlaubt

Legende: TH = Torhüter*in, 3D-Hockey = dreidimensionales Hockey

3.3 Spielregeln

Das Regelwerk im Feldhockey wurde und wird ständig überarbeitet und weiterentwickelt, um das Spiel schneller und attraktiver – sowie nachvollziehbarer – zu gestalten. Wie bereits in Kap. 2 dargestellt, umfassen die entscheidendsten Änderungen der letzten 25 Jahre „die Möglichkeit eines ständigen Ein- und Auswechselns der Spieler*innen (Interchanging 1993), die Abschaffung der Abseitsregelung (1996), die Kommunikation der Schiedsrichter*innen untereinander (2004) sowie die Einführung des Videobeweises (2008) und nicht zuletzt die Einführung des Selfpasses (2009), der Spielzeit von Hälften in Viertel (FIH 2014/2015), des Penaltys und die Änderung des Ausführungsorts der „Langen Ecke" (2015/2017)" (Krause und Hillmann 2022, S. 115). Nachfolgend sind ausschließlich die wichtigsten Regeln aufgeführt. Für eine detaillierte Regelübersicht ist es empfehlenswert, die Regelhandbücher des Internationalen Hockeyverbands (Fédération International de Hockey, FIH) oder des Deutschen Hockey-Bund e. V. (DHB) zu prüfen.

Spielen des Balls. Der Ball darf sowohl in der Halle als auch auf dem Feld nur mit der flachen Seite des Schlägers geführt und gespielt werden. Wird der Ball nicht regelkonform gespielt, berührt der Ball den*die gegnerische*n Spieler*in und/oder wird der Ball ins Grundlinien- oder Seitenaus gespielt, so wird eine Spielstrafe verhängt. Das Ausmaß der Spielstrafe ist dabei abhängig von der Schwere (gefährliches vs. ungefährliches Spiel), dem Ort (Schusskreis vs. restliches Spielfeld) sowie der Intention des Vergehens (mit oder ohne Absicht).

▶ **Tipp** Wird Hockey für Spielanfänger*innen vermittelt, muss nicht das komplette Regelwerk direkt gelernt werden. Es ist wichtig, ein motivierendes und vor allem sicheres Spiel zu gewährleisten, ohne dass Spielanfänger*innen durch ein zu komplexes Regelwerk überfordert werden. Die grundlegendsten Spielvergehen, die unbedingt vermieden oder geahndet werden sollten, sind:

#1 Ball gegen Fuß
#2 Gefährliches Spiel mit dem Schläger (Ausholbewegung)
#3 „Hacken" (Schläger gegen Schläger)
#4 Nutzung der runden Seite des Schlägers
#5 Behinderung des Spielflusses
(in Anlehnung an FUNdamental Field Hockey USA)

Tab. 3.2 Beispiele zur Ursache und Durchführung von Foulsituationen

	Beispiel Ursache	Durchführung
Mittelanstoß	Torerfolg	Anspiel des Balls vom Mittelpunkt; beide Teams befinden sich in ihren Spielfeldhälften
Freischlag nach Seitenaus	Ball im Seitenaus	Anspiel des Balls an dem Ort, wo der Ball die Seitenlinie überschritten hat (Halle 1 m Entfernung von der Bande)
Abschlag	Ball durch angreifende Mannschaft ins Grundlinienaus	Anspiel des Balls auf Höhe des Schusskreisrandes, seitenlinienparallel zu dem Ort, an dem der Ball die Grundlinie überschritten hat
Lange Ecke	Ball durch verteidigende Mannschaft ins Grundlinienaus	Anspiel des Balls auf Höhe der Viertellinie (Halle Mittellinie), seitenlinienparallel zu dem Ort, an dem der Ball die Grundlinie überschritten hat
Strafecke	Ball unabsichtlich im Schusskreis gegen den verteidigenden Fuß	Durchführung einer Strafecke (siehe Abschn. 6.3.3)

Nach einem **ungefährlichen, unabsichtlichen Foul,** wie beispielsweise der Berührung des Balls mit dem Fuß außerhalb des Schusskreises, wird eine Freischlagsituation verhängt. Es können unterschiedliche Freischlagsituationen – je nach Vergehen der gegnerischen Mannschaft – unterschieden werden. Für alle Freischlagsituationen gilt, dass der Ball nahe am Ort des Regelverstoßes weitergespielt wird. Dieser muss vor dem Weiterspielen ruhen und alle Mit- und Gegenspieler*innen müssen einen Abstand zum*zur ballbesitzenden Spieler*in von mindestens 5 m einhalten (Halle 3 m, DHB 2022). Der Ball darf gepasst und/ oder gespielt werden. Das direkte Weiterspielen des Balls durch den*die Ballbesitzende*n wird auch als Selfpass bezeichnet. Die häufigsten Freischlagsituationen sind i) der Mittelanstoß, ii) der Freischlag nach Seitenaus oder nach Ball-Fuß-Kontakt, iii) der Abschlag und iv) die Lange Ecke. In allen Freischlagsituationen erhält die Mannschaft den Ballbesitz, die das Vergehen nicht begangen hat. Wird der Freischlag im gegnerischen Viertel ausgeführt (Halle: Gegnerische Hälfte), muss der Ball erst 5 m (Halle 3 m) bewegt werden, bevor dieser in den Schusskreis gespielt werden darf. Sollte sich die Ausführung einer Spielstrafe nachteilig für die (benachteiligte) gegnerische Mannschaft auswirken, wird keine Spielstrafe verhängt, sondern ein sogenannter Vorteil ausgespielt. Beispiele zur Ursache und Durchführung von Foulsituationen sind in Tab. 3.2 angegeben.

Gefährliche und absichtliche Vergehen sowie solche, die im gegnerischen Schusskreis auftreten und damit einen entscheidenden Einfluss auf das Spielgeschehen haben, werden mithilfe von persönlichen Strafen (grüne, gelbe, rote Karte) und/ oder spezifischen Standardsituationen (Strafecke, auch: kurze Ecke oder 7 m) geahndet. Persönliche Strafen bedeuten einen Spielausschluss für 2 min (grüne Karte, Halle 1 min), für mind. 5–10 min (gelbe Karte, Halle mind. 2 min) oder für das Spiel (rote Karte). Für die Durchführung der Standardsituationen werden besondere Rollen durch die Teams übernommen, wie exemplarisch in nachfolgender Beschreibung dargestellt. Aktuellste Änderungen des Regelwerks sind den aktuellen Briefings des Schiedsrichterausschusses des DHB zu entnehmen (DHB SRA 2023).

Beispiel

Eine Strafecke wird bei unabsichtlichen Vergehen innerhalb des eigenen Schusskreises (bei Torverhinderung wird ein 7 m-Strafstoß verhängt) oder bei absichtlichen Vergehen innerhalb des eigenen Viertels (Halle eigene Hälfte) verhängt. Beide Mannschaften stellen sich räumlich zunächst voneinander getrennt um die Torschusszone herum auf. Mit Ausnahme eines Fußes durch den*die Anspielende*n (Position Rausgeber) darf sich kein*e Spieler*in im Schusskreis befinden. Die Aufgaben unterscheiden sich entsprechend der Spielidee:

Offensives (angreifendes) Team: Der Ball wird von der Grundlinie mindestens 10 m neben dem Torpfosten (Halle 6 m) von der Position des Rausgebers Richtung Schusskreisrand gespielt. Der Ball muss den Schusskreis einmal verlassen, um anschließend als Torschuss innerhalb des Schusskreises auf das Tor gespielt zu werden. Die Anzahl der angreifenden Spieler*innen variiert je nach Taktik des Teams, grundsätzlich werden aber mindestens die Positionen Schütze und Stopper am Schusskreisrand zur Ausführung der Strafecke besetzt.

Defensives (verteidigendes) Team: Das verteidigende Team darf sich mit vier Feldspieler*innen (plus Torhüter*in) im Tor aufstellen (Halle: fünf Feldspieler*innen neben dem Tor plus Torhüter*in im Tor). Sobald der Ball die Grundlinie verlassen hat, darf das Team den Ball verteidigen. Eine zusätzliche Schutzausrüstung wird empfohlen. Die Laufwege sind dabei stark von der Taktik der jeweiligen Teams abhängig. ◄

Sobald in einem Spiel die Sieger*innen entschieden werden müssen, wird im Anschluss an die reguläre Spielzeit keine Verlängerung gespielt. Stattdessen wird seit 2015/2017 ein sogenanntes Penalty Shoot-Out durchgeführt. Hierbei wird eine

1 vs. 1-Situation (Torhüter*in vs. Feldspieler*in) nach dem Regelwerk ausgespielt. Nach Startsignal hat dabei der*die Angreifer*in 8 s Zeit, den Ball von der
Viertellinie ins Tor zu spielen (Halle 6 s, Start 3 m vor dem Schusskreis). Der*die
verteidigende Torhüter*in startet aus ihrem*seinem zu verteidigenden Tor und versucht das Tor zu verhindern. Es wird im Wechsel zwischen den Teams gespielt und
es dürfen fünf Spieler*innen (Halle: drei Spieler*innen) im Shoot-Out antreten.

3.4   Begrifflichkeiten

Vor den sportspielspezifischen konditionell-koordinativen, technischen und taktischen Fertigkeiten und Fähigkeiten werden vorab häufig verwendete Begriffe des
Feld- und Hallenhockeys definiert.

Begriffe Material. Die Unterteilung des Schlägers erfolgt in der Längsachse
in **Schlägergriff, Schlägerschaft** und **Schlägerkeule**; in der Querachse wird
zwischen flacher und runder Seite differenziert. Der Ball darf lediglich mit dem
Schlägerschaft, der Schlägerkeule und der Schlägerinnenkante der flachen Seite
gespielt werden. Aktuell gibt es noch keine Differenzierung zwischen Links- und
Rechtshänder*innen; Linkshänder*innenschläger werden zwar bereits produziert,
sind für den regulären Spielgebrauch aber (noch) nicht zugelassen.

Begriffe Körperhaltung. Die Ausgangsstellung (auch: **Bereitschaftsstellung**)
beschreibt den stabilen Stand mit leicht gebeugten Knien, nach vorne geneigtem
Oberkörper, Blick geradeaus und der Schläger setzt mit der Keule mit einem Win-
kel von ca. 45° rechts vom Körper auf dem Boden auf. Die flache Schlägerseite
zeigt in Spielrichtung (siehe Abb. 3.3).

Es wird zwischen frontaler und seitlicher Spielposition differenziert. Wird der
Ball frontal gespielt, zeigen die Schultern in Spielrichtung. Wird der Ball hin-
gegen seitlich gespielt, zeigt entweder die linke (Vorhand) oder die rechte Schulter
(Rückhand) in Spielrichtung.

Da das Spielen und Stoppen des Balls in der Regel auf der rechten (Vorhand-)
Seite einfacher ist, wird die linke (Rückhand-)Seite auch als „schwächere" Seite
definiert. Wie in der Taktik ausführlicher beschrieben wird, kann dieser Aspekt
individualtaktisch genutzt werden: Ballbesitzende Spielende versuchen, den Ball
an der linken Seite der*des Gegenspielenden oder über den linken Fuß zu spielen,
um hierdurch mehr Erfolgschancen herauszuspielen.

Mit **peripherem Sehen** ist gemeint, dass der Blick vom Ball gelöst und ins
Spielumfeld gelenkt wird. Mithilfe eines möglichst breiten Sichtfeldes soll das
Verhalten der Mit- und Gegenspieler*innen gesehen werden. Insbesondere Anfänger*innen fällt es häufig schwer, den Blick vom Ball zu lösen; daher sollte das
periphere Sehen von Beginn an geschult und trainiert werden.

Begriffe Schlägerhaltung. Für alle Spielenden wird die **Vorhand** auf der rechten und die **Rückhand** auf der linken Seite des Körpers definiert.

Für die Vorhand wird der Schläger rechts vom Körper gehalten; die Keule zeigt
nach oben und die flache Seite in Spielrichtung. Der Schläger wird mit der rechten

Abb. 3.3 Bereitschaftsstellung

Hand ungefähr am Übergang von Schlägerschaft und -griff von unten gegriffen; der Handrücken zeigt schräg nach hinten/ unten. Die linke Hand greift am Ende des Schlägergriffs von oben um den Schläger und der Handrücken zeigt nach oben. Dieser Griff wird als **Vorhandgriff** bezeichnet.

Für die Rückhand wird der Schläger links vom Körper gehalten; die Keule zeigt nach unten und die flache Seite in Spielrichtung. Um eine Überkreuzung der Arme zu vermeiden, zieht der linke Ellbogen seitlich nach hinten, sodass der linke Unterarm in Verlängerung des Schlägers ist. Der linke Handrücken rotiert leicht zum Körper hin **(Drehgriff)**, um eine Rotation des Schlägers auf die linke Seite zu ermöglichen. Die rechte Hand bleibt locker um die Mitte des Schlägers gefasst und der Handrücken zeigt weiterhin Richtung Boden. Bilder zum vereinfachten Verständnis sind zum Beispiel, dass die rechte Hand wie eine Klopapierrolle um den Schläger fasst.

Begriffe Strafecke. Bei der (kurzen) Strafecke handelt es sich um eine Standardsituation im Feld- und Hallenhockey. Eine Strafecke wird beispielsweise dann durchgeführt, wenn der Ball den Fuß des*der Verteidigenden im defensiven Schusskreis berührt. Eine ausführliche Beschreibung der Strafecke ist in Abschn. 6.3.3 zu finden. Vorab werden folgende Begriffe definiert:

Im angreifenden (ballbesitzenden) Team gibt es (mindestens) die Positionen **Rausgeber, Stopper** und **Schütze**. Bei Ersterer handelt es sich um die Position, von welcher der Ball in das Spiel (herein-)gegeben wird. Die Position Stopper hat die Aufgabe, den Ball außerhalb des Schusskreises mit dem Schläger anzuhalten. Hierfür kann die Technik mit speziellem Schlägerstopp (vgl. Abschn. 6.3, Abb. 6.22a, b) angewandt werden. Die Position Schütze ist schließlich dafür verantwortlich, dass der Ball innerhalb des Schusskreises Richtung Tor gebracht wird; eine taktische Abgabe auf einen Mitspielenden ist dabei möglich.

Im verteidigenden Team (ohne Ballbesitz) starten die Verteidigenden hinter der Grundlinie. Sie dürfen erst dann in das Spielfeld laufen, wenn der Ball rausgegeben wurde. Die Laufwege hängen dabei stark von der Taktik des jeweiligen Teams ab. Es gibt in vielen Teams jedoch in der Regel mindestens eine rauslaufende und eine torsichernde Position.

3.5 Spielformen Nachwuchsbereich

Im Nachwuchsbereich (U8–U12) werden vereinfachte Spielregeln angewandt, um ein sicheres und motivierendes Spiel zu generieren. Die Empfehlungen umfassen dabei die Reduktion der Spieler*innenanzahl, die Änderung der Spielfeldgröße und Tore, die Eingrenzung der Spieltechniken (z. B. Eingrenzung Ballabgabetechniken) sowie die Variation der Spielregeln (z. B. Penalty und Penalty light). Tab. 3.3 und 3.4 zeigen die aktuellen Empfehlungen je nach Altersklasse; detaillierte Angaben sind auf den Landesverbandsseiten oder beim DHB nachzulesen.

Tab. 3.3 Empfehlungen Spielformen je nach Altersklasse Feldhockey

Altersklasse	Spielform	Spielfeldgröße und TZ	Anzahl der Spieler*innen (Ersatz)	Wichtigste Regeländerungen im Vergleich zu den Erwachsenen
U8	Minihockey	27,5 × 22,9 m, TZ 5–7 m	3 (+4–5)	Penalty light (10 s)
U10	Kleinfeldhockey	55 × 45,5 m, TZ Schusskreis	6 + TH (5)	Penalty (10 s) oder Strafecke light
U12	Dreiviertelfeldhockey	68,6 × 55 m TZ Schusskreis	8 + TH (4)	

Legende: TH = Torhüter* in, TZ = Torschusszone

Tab. 3.4 Empfehlungen Spielformen je nach Altersklasse Hallenhockey

Altersklasse	Spielform	Spielfeldgröße und TZ	Anzahl der Spieler*innen (Ersatz)	Wichtigste Regeländerungen im Vergleich zu den Erwachsenen
U8	Minihockey	20 × 20 m, TZ 4–5 m	3 (+4–5)	Penalty light (10 s)
U10	Hallenhockey	40 × 20 m, TZ Schusskreis	5 + TH (6)	Penalty (10 s) oder Strafecke light
U12	Hallenhockey	40 × 20 m TZ Schusskreis	5 + TH (6)	

Legende: TH = Torhüter* in, TZ = Torschusszone

Literatur

Bunker D, Thorpe R (1982) A model for the teaching of games in the secondary school. Bull Phys Educ 10:9–16

Bunker D, Thorpe R, Almond L (1986) Rethinking games teaching. University of Technology, Loughborough

DHB (2022) Regeln für Feldhockey 2022. http://www.deutscher-hockey-bund.de/VVI-web/default.asp?lokal=&innen=/VVI-web/Schiedsrichter/SR-Download.asp&auswahl=3. Zugegriffen: 04. Mai 2023

DHB SRA (2023) Feldhockey Briefing 2023–24 Hinrunde. Eigene Publikation. https://my.hidrive.com/lnk/cvisl6sT#file. Zugegriffen: 10. Sept. 2023

Dietrich K (1984) Vermitteln Spielreihen Spielfähigkeit? Sportpädagogik 8(1):19–21

Griffin LA, Mitchell SA, Oslin JL (1997) Teaching sport concepts and skills. A tactical games approach. Human Kinetics, Champaign

Hänel R, Hillmann W, Lüninghöfer J (2013) Feld- und Hallenhockey. Spiellernen im Minifeld-, Kleinfeld-, Dreiviertelfeld- und Mini-Hallenhockey (2. Aufl.). Meyer & Meyer

Haubenberger M (2012) Teaching Games for Understanding (TGfU) – Beschreibung und Analyse eines sportspieldidaktischen Vermittlungskonzeptes. Diplomarbeit, Universität Wien

Kolb M (2005) Strukturen von Spiel und Sportspiel. In A Hohmann, M Kolb, K Roth (Hrsg), Handbuch Sportspiel (S. 15–30). Hofmann, Schorndorf

Krause A, Hillmann W (2022) Spielanalyse im Hockey. In: Memmert (Hrsg) Spielanalyse im Sportspiel. Springer (Berlin)

Memmert D, Furley P (2014). Zur Spielfähigkeit in Schule und Verein. Sportbuch- und Medienverlag Weineck e.K

MSB – Ministerium für Schule und Bildung des Landes Nordrhein-Westfalen (2020) Sicherheitsförderung im Schulsport. Sportunterricht, außerunterrichtlicher Schulsport, Angebote von Bewegung, Spiel und Sport im Ganztag und in weiteren schulischen Veranstaltungen. https://www.schulsport-nrw.de/fileadmin/user_upload/1033_Inhalt.pdf

Roth K (1999) Die fähigkeitsorientierte Betrachtungsweise (Differentielle Motorikforschung). In: Roth K, Willimczik K (Hrsg) Bewegungswissenschaft. Rowohlt, Reinbek, S 227–287

Roth K (2005) Sportspiel-Vermittlung. In A Hohmann, M Kolb K Roth (Hrsg), Handbuch Sportspiel. Hofmann, Schorndorf, S 290–308

Roth K, Memmert D, Schuber R (2006) Ballschule Wurfspiele. Schorndorf: Hofmann

Stiehler G, Konzag I, Döbler H (1988) Sportspiele. Theorie und Methodik der Sportspiele. Basketball–Fußball–Handball–Volleyball. Sportverlag, Berlin

Spiele und Spielen im und durch Hockey für Anfänger*innen

Zusammenfassung

Zur Einführung in das Sportspiel Hockey eignen sich für Spielanfänger*innen insbesondere Spiele und Spielformen, die bereits grundlegende Fertigkeiten und Fähigkeiten für das Zielspiel Feld- und Hallenhockey schulen. Nachfolgend werden somit Spiel- und Übungsideen in Anlehnung an die Prinzipien der Ballschule Heidelberg vorgestellt, die für alle Altersgruppen modifizierbar sind und alle Hockeyinteressierten einen Einstieg in die Sportart erleichtern sollen.

Für den Start in die Feld- und Hallenhockeyinheiten mit Anfänger*innen lohnt es sich zunächst, insbesondere mit jüngeren Zielgruppen, gemeinsame Regeln aufzustellen (siehe nachfolgenden Tipp).

▶ **Tipp** Basisregelungen

#1 Wir gehen behutsam mit Schläger und Ball um.
#2 Ball und Schläger bleiben beim Spielen immer auf dem Boden.
#3 Nach dem Spielen sammeln wir die Bälle gemeinsam.
#4 Wir achten immer auf unsere Mitspielenden beim Spielen und Führen des Balls.

Feld- und Hallenhockey stellen technisch und koordinativ anspruchsvolle Sportarten dar. Insbesondere das Führen des Balls, wie beispielsweise das Vorhand-Rückhand-Dribbling, kann Hockey-Unerfahrene zu Beginn vor Herausforderungen stellen. Gleichzeitig bietet die Sportart im Anfänger*innenbereich jedoch gerade dadurch viel Potenzial, da die Spielenden auf einem ähnlichen

A. Krause et al., *Feld- und Hallenhockey – Das Praxisbuch für Studium, Training und Freizeitsport*, Sportpraxis, https://doi.org/10.1007/978-3-662-68885-4_4

Leistungsniveau starten. Für den Start in die Einheit sollten vielfältige sportspiel-übergreifende Bewegungs- und Spielerfahrungen, in überwiegend kontaktlosen Situationen, ermöglicht werden. Einen möglichen Vermittlungsansatz stellt das Konzept der Ballschule Heidelberg dar. Die Ballschule ist in insgesamt fünf Stufen beginnend mit der Altersgruppe 1,5–3 Jahre untergliedert und endet mit der Altersgruppe 5–11 Jahre (siehe Abb. 4.1).

Das Konzept orientiert sich an den Prinzipien der Entwicklungsgemäßheit, der Vielseitigkeit, der Freudbetontheit sowie des spielerisch-unangeleiteten Lernens (Roth und Kröger 2021). Das Konzept der Ballschule Heidelberg ist mittlerweile durch Kooperationspartnerschaften fester Bestandteil von vielen Vereinen.

Insbesondere im Anfänger*innenbereich sind die Stufen der sportspielübergreifenden und sportspielgerichteten Ballschule relevant. Die Ziele werden innerhalb der sportspielübergreifende Ballschule (Stufe 3) in taktische, koordinative und technische Bausteine und innerhalb der sportspielgerichteten Ballschule (Stufe 4) in koordinative, perzeptiv-motorische und taktische Bausteine unterteilt. Die einzelnen Bausteine sind als Basiskompetenzen von Sportspielen bzw. Zielschussspielen zu verstehen (Roth und Kröger 2021). Einige Beispiele zur Vermittlung der Basiskompetenzen im Hockey sind in Kap. 5, Tab. 5.1 aufgeführt. Zwar stellt das Konzept einen Vermittlungsansatz für den Kinderbereich dar; alle hier aufgeführten Spiel- und Übungsformen sind jedoch auch für den Jugend- und Erwachsenenbereich modifizierbar.

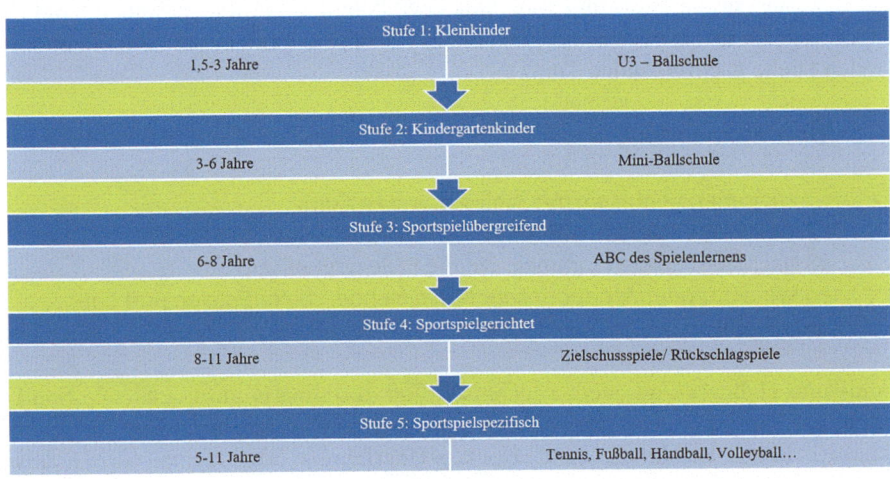

Abb. 4.1 Systematik der Ballschule Heidelberg (in Anlehnung an Ballschule online, o. J.)

Akrobatik mit Ball und Schläger

Lernziele	Schulung koordinativer Fähigkeiten, Heranführung an das Spielgerät
Zeitlicher Rahmen	5 min
Schwierigkeitslevel	**1** | 2 | 3 | 4 | 5
Anzahl Spieler*innen	Beliebig; Empfehlung ca. 10–30 Teilnehmende
Spielfeld	Entsprechend der Gruppengröße ca. eine Hallenhälfte
Material	1 Schläger pro Spieler*in
Übungs- und Spiel-beschreibung	Alle Spielenden stehen in einem Kreis und halten den Schläger bei gestrecktem Arm lediglich mit dem Zeigefinger fest. Auf ein Signal rotieren alle Spieler*innen um eine Position im Uhrzeigersinn und müssen den Schläger der nächsten Person ergreifen. Fällt ein Schläger zu Boden, müssen alle eine kleine Übung durchführen (z. B. fünf Burpees) Weitere Übungen: • Der Schläger wird auf unterschiedlichen Fingern oder auf der Handfläche balanciert; Achtung: Auf Abstand zu den anderen Teilnehmenden achten! • Der Schläger wird hinter dem Rücken balanciert • Ein Ball wird auf dem Schläger balanciert • Der Ball wird auf dem Schläger hochgehalten. Wer schafft die meisten Wiederholungen?
Möglichkeiten der Differenzierung	Alle Übungen, können auch durch einen kleinen Laufzettel im Stationsbetrieb bearbeitet werden. Auf dem Zettel kann notiert werden, wie viele Wiederholungen geschafft bzw. wie lange am Stück bestimmte Übungen durchgeführt werden können. So können Aufgaben auch an die jeweiligen Spieler*innen angepasst werden.

Hütchenurwald

Lernziele	Heranführung an das Spielgerät
Zeitlicher Rahmen	5 min
Schwierigkeitslevel	1 2 3 4 5
Anzahl Spieler*innen	Beliebig; Empfehlung ca. 20 Teilnehmende
Spielfeld	Schusskreis-Spielfeld; bei größeren Gruppen: abgestecktes Feld entsprechend der Anzahl an Spielenden (Abb. 4.2)
Material	• 1 Schläger und 1 Ball pro Spieler*in • Pylonen, Hütchen, Stangen u. a. als Hindernisse
Übungs- und Spielbeschreibung	Alle Spielenden erhalten jeweils einen Ball und Schläger und führen den Ball durch ein abgestecktes Feld mit vielen Bäumen (Pylonen). Die Spielenden müssen nun die Übersicht behalten und an den anderen Spieler*innen sowie den Pylonen vorbeidribbeln und ständig in Bewegung bleiben.
Möglichkeiten der Differenzierung	Alternativ kann nach einer vorgegebenen Zeit ein*e Waldwächter*in mit einer Liane (Schwimmnudel) durch das Spielfeld schwingen und versuchen, den*die Spieler*innen den Ball zu klauen.

Hütchenurwald

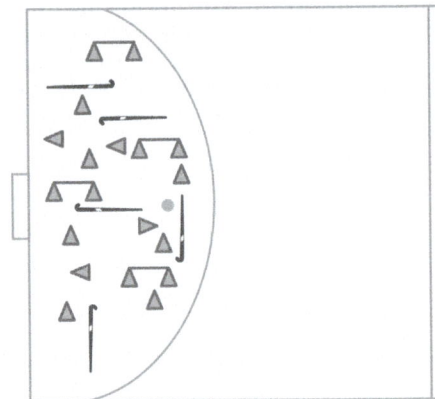

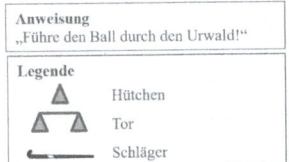

Anweisung
„Führe den Ball durch den Urwald!"

Legende

▲   Hütchen

▲ ▲   Tor

⌐___   Schläger

Abb. 4.2 Spielfeldaufbau Hütchenurwald

Spielfeldräumung

Lernziele	Heranführung an das Spielgerät, Schulung der Ballabgabe
Zeitlicher Rahmen	10 min
Schwierigkeitslevel	1 **2** 3 4 5
Anzahl Spieler*innen	Beliebig; Empfehlung ca. 20 Teilnehmende
Spielfeld	Hallen-Spielfeld; je Hallenseite ca. 10 Spielende Die Spielfeldgröße kann an die Anzahl aller Spielenden angepasst werden. Dabei sollte stets auf genügend Abstand zwischen den Spieler*innen geachtet werden.
Material	• 1 Schläger pro Spieler*in • Ca. 20–30 verschieden große (Soft-) Bälle Aufgrund der Verletzungsgefahr sollten keine Hockeybälle genutzt werden (Abb. 4.3).
Übungs- und Spielbeschreibung	Die Spielenden werden in gleich große Mannschaften aufgeteilt. Jedes Team bekommt eine Spielfeldseite zugewiesen. Auf ein Startkommando versuchen die Spielenden alle Bälle auf die gegnerische Hälfte zu spielen. Das Team, das nach einer vorgegebenen Zeit mehr Bälle auf der gegnerischen Seite platzieren kann, gewinnt das Spiel.
Möglichkeiten der Differenzierung	Je nach Altersgruppe können Zonen in jeder Hälfte eingerichtet werden, damit die Spielenden über das Spielfeld verteilt werden und so die Verletzungsgefahr minimiert wird. Zusätzlich kann ein „Wassergraben" in der Mitte des Spielfeldes eingerichtet werden. Die Spielenden sollten zu Beginn des Spiels darauf hingewiesen werden, dass der Schläger bei der Ausholbewegung auf dem Boden bleibt.

Spielfeldräumung

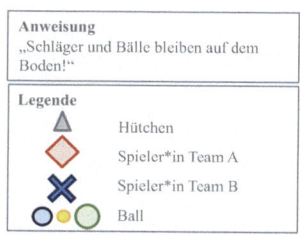

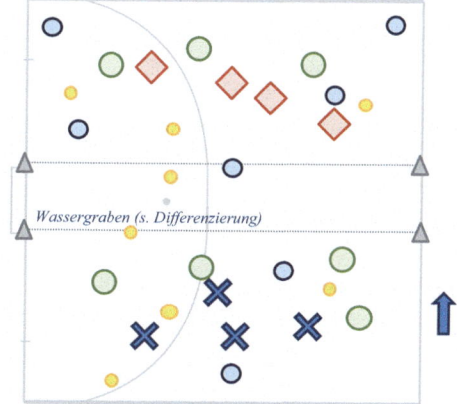

Abb. 4.3 Spielfeldaufbau Spielfeldräumung

Bällesammler*in

Lernziele	Heranführung an das Spielgerät, Führen des Balles
Zeitlicher Rahmen	5 min
Schwierigkeitslevel	1 **2** 3 4 5
Anzahl Spieler*innen	Beliebig; Empfehlung ca. 20 Teilnehmende
Spielfeld	Hallen-Spielfeld; bei größeren Gruppen: abgestecktes Feld entsprechend der Anzahl an Spielenden (Abb. 4.4)
Material	• 1 Schläger pro Spieler*in • Alle verfügbaren Hockeybälle, evtl. zusätzlich noch andere kleinere Bälle, z. B. Tennisbälle
Übungs- und Spielbeschreibung	Im Feld werden Bälle unterschiedlicher Größe platziert. Auf ein Signal hin dürfen die Spielenden die Bälle in einen zuvor festgelegten Bereich bringen. Wer am Ende die meisten Bälle gesammelt hat, gewinnt das Spiel.
Möglichkeiten der Differenzierung	Das Spiel kann auch in Teams gespielt werden. Eine weitere Variante erlaubt es den Spieler*innen, Bälle aus der gegnerischen Zone klauen.

Bällesammler*in

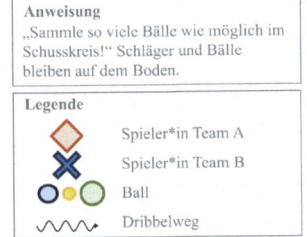

Anweisung
„Sammle so viele Bälle wie möglich im
Schusskreis!" Schläger und Bälle
bleiben auf dem Boden.

Legende

◇	Spieler*in Team A
✕	Spieler*in Team B
⬤⬤⬤	Ball
⌇⌇⌇	Dribbelweg

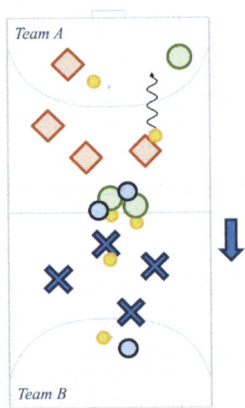

Abb. 4.4   Spielfeldaufbau Bällesammler*in

Memoryspiel

Lernziele	Heranführung an das Spielgerät, Heranführung an das Führen des Balles
Zeitlicher Rahmen	10 min
Schwierigkeitslevel	1 **2** 3 4 5
Anzahl Spieler*innen	Beliebig; Empfehlung ca. 4–5 Teilnehmende pro Gruppe
Spielfeld	Hallenhälfte (quer); bei größeren Gruppen: abgestecktes Feld entsprechend der Anzahl an Spielenden (Abb. 4.5)
Material	• 1 Schläger pro Spieler*in • 1 Ball pro Gruppe • 1 Memoryspiel
Übungs- und Spielbeschreibung	In einem Staffelwettbewerb führen die jeweils Gruppenersten den Ball auf die andere Seite. Dort angekommen drehen sie zwei Karten eines Memory-Spiels um. Wurde ein Paar gefunden, bleibt es offen umgedreht. Nach dem Umdrehen laufen die Spieler*innen zurück zu ihrer Gruppe und die Nächsten dürfen loslaufen. Das Spiel endet, wenn alle Paare umgedreht worden sind.
Möglichkeiten der Differenzierung	Statt mit einem Memoryspiel kann auch mit einem anderen Kartendeck gespielt werden. Mit hockeyerfahrenen Gruppen kann auch ein Parcours eingebaut werden, der durchlaufen werden muss, bevor die Karten umgedreht werden dürfen.

Memoryspiel

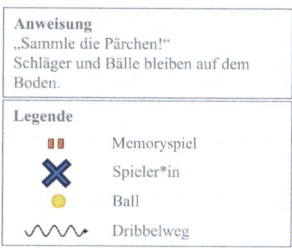

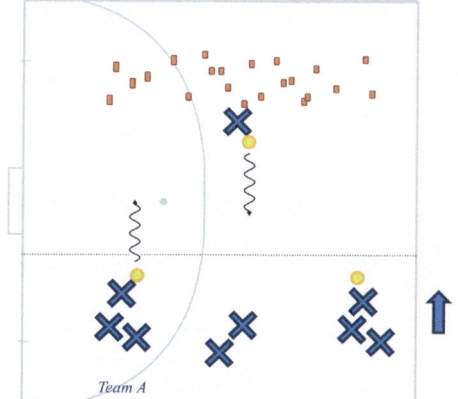

Abb. 4.5 Spielfeldaufbau Memoryspiel

Hockeygolf

Lernziele	Heranführung an das Spielgerät, Schulung der Differenzierungs-fähigkeit bei der Ballabgabe
Zeitlicher Rahmen	45 min
Schwierigkeitslevel	1 **2** 3 4 5
Anzahl Spieler*innen	Beliebig; Empfehlung ca. 30 Teilnehmende
Spielfeld	Hallen-Spielfeld; auf ausreichend Platz zwischen den Stationen achten
Material	• 1 Schläger und 1 Ball pro Gruppe
Übungs- und Spielbeschreibung	Hockeygolf eignet sich besser für die Halle, da hier meistens auf verschiedenstes Material zurückgegriffen werden kann. Wie beim normalen Minigolf haben die Spielenden einen Laufzettel und jeweils sechs Versuche pro Station. Schaffen die Spieler*innen eine Station auch nach dem sechsten Versuch nicht, wird eine 7 notiert. Ziel ist es, am Ende aller Hockeygolfbahnen möglichst wenig Versuche zu benötigen. Bei der Konzeption der einzelnen Stationen können die Spielenden mithelfen. Mögliche Stationen können beispielsweise darin bestehen, dass ein Ball über eine Bank in ein Ziel oder unter einer gebogenen Weichbodenmatte entlang gespielt werden.
Möglichkeiten der Differenzierung	Die Stationen können nach Schwierigkeitsgrad eingeteilt werden. Die Spielenden können dann individuell entsprechend ihrer Leistungsstärke die Stationen selbst aussuchen.

Spielerische Hockeyvarianten I

Lernziele	Heranführung an das Spielgerät, Schulung einer ersten Spielfähigkeit
Zeitlicher Rahmen	30–45 min
Schwierigkeitslevel	1 **2** 3 4 5
Anzahl Spieler*innen	Circa 8–10 Teilnehmende für ein Spielfeld in einer Hallenhälfte, max. 4–5 Teilnehmende pro Mannschaft
Spielfeld	Hallenhälfte (quer)
Material	• 1 Schläger pro Spieler*in, • 1 Schuh pro Spieler*in • Alternativ: Gummiringe und Gymnastikstäbe • 4 Minihockeytore • Leibchen
Übungs- und Spielbeschreibung	Schuhhockey: Es werden zwei Teams gebildet. Gespielt wird mit einem Tennisball und jeweils einem Schuh der Spieler*innen. Ziel ist es, einen Tennisball in das Tor der gegnerischen Mannschaft zu spielen. Ringhockey: Als weitere alternative Spielform bietet sich Ringhockey an. Die Spieler*innen erhalten je einen Gymnastikstab. Gespielt wird mit einem Gummiring als Ersatz des Hockeyballs.

| Möglichkeiten der Differenzierung | Bei jüngeren Spieler*innen sollten beim Schuhhockey evtl. weitere Sicherheitsregeln eingebaut werden. Dazu können z. B. Zonen zählen, in denen sich nur eine bestimmte Anzahl an Spielenden aufhalten dürfen. |

Spielerische Hockeyvarianten II – Das Kokosnussspiel

Lernziele	Heranführung an das Spielgerät, Heranführung an das Führen des Balles
Zeitlicher Rahmen	30–45 min
Schwierigkeitslevel	

1	2	3	4	5

Anzahl Spieler*innen	Circa 12–16 Teilnehmende für ein Spielfeld in einer Hallenhälfte, max. 3–4 Teilnehmende pro Mannschaft
Spielfeld	Abgestecktes Feld im Viereck; Spielfeld in der Halle begrenzen (Abb. 4.6)
Material	• 1 Schläger pro Spieler*in • Unterschiedliche Bälle (v. a. Tennisbälle) • 4 Minihockeytore
Übungs- und Spielbeschreibung	Das Ziel des Spiels besteht darin, möglichst viele Kokosnüsse in den eigenen Bau (Minihockeytor) der Mannschaft zu bringen. Dafür liegen in der Mitte alle verfügbaren Bälle. Jede*r Spieler*in darf immer nur eine Kokosnuss mit dem Schläger führen. Sobald die Kokosnuss am Schläger ist, darf diese nicht mehr von anderen Spieler*innen geklaut werden. Das Spiel ist in unterschiedliche Stufen unterteilt: Level 1: Bälle dürfen lediglich in den eigenen Bau geführt werden („Ball klebt am Schläger"). Level 2: Pässe innerhalb der eigenen Mannschaft sind erlaubt. Level 3: Zoowärter*in: Ein*e Spieler*in jeder Mannschaft darf innerhalb des Innenkreis positioniert werden. Diese Person kann defensiv und offensiv eingebunden werden. Level 4: „Team up!" – Zwei gegenüberliegende Mannschaften spielen zusammen.
Möglichkeiten der Differenzierung	Je nach Spielfähigkeit der Gruppe sollten Regeln angepasst werden. So kann z. B. der Zweikampf ausgeschlossen werden („Ball am Schläger gesichert"). Das Feld kann vergrößert werden, sodass die Kollisionsgefahr geringer ist. Zudem könnte eingeschränkt werden, dass der*die Zoowärter*in nur mit einer Poolnudel andere Spieler*innen berühren darf. Der Ball muss nach der Berührung liegen gelassen werden.

Kokosnussspiel

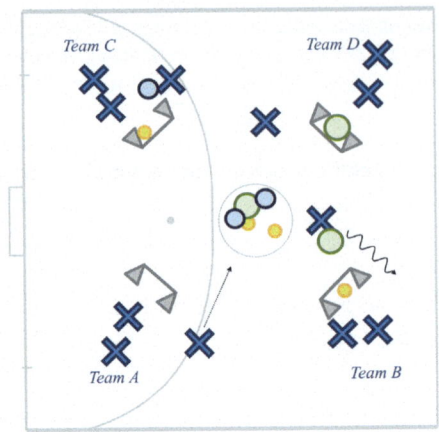

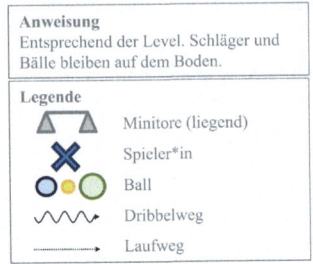

Abb. 4.6   Spielaufbau Kokosnussspiel

Literatur

Ballschule Online (OA) Systematik. Vom Allgemeinen zum Spezifischen! https://ballschule.on-line/programme/systematik/. Zugegriffen: 05. Apr. 2023

Roth K, Kröger C (2021) Ballschule: das ABC des Spielens in Schule und Verein. 6., komplett überarbeitete Auflage. Hofmann, Schorndorf

Technikelemente

5

Zusammenfassung

Das Sportspiel Hockey zeichnet sich durch eine hohe Anforderung an die Auge-Hand-Koordination aus. Die Techniken werden dabei in die drei Kategorien Ballführung, Ballannahme und Ballabgabe eingeteilt. Es können spezifische Techniken mit (Aus- und Umspielen) und ohne Ball (Verteidigen) angewandt werden und es ist zu berücksichtigen, dass es Unterschiede der Techniken zwischen Feld- und Hallenhockey gibt. Es werden die einzelnen Bewegungen mit relevanten Merkmalen von der Ausholbewegung über den Treffpunkt des Balls bis hin zum Ausschwung dargestellt.

Spielerisch-implizites Lernen in der Ballschule zielt auf die Schulung koordinativer, technischer und taktischer Basiskompetenzen (siehe Kap. 4). Zum Erlangen sportspielspezifischer technischer Fertigkeiten ist das Verständnis über die Bewegungsausführung unabdingbar. Zur Verknüpfung der sportspielübergreifenden mit den sportspielspezifischen Techniken im Hockey werden in nachfolgender Tab. 5.1 Beispiele aufgeführt:

Die sportspielspezifischen Techniken können in die Ballführung, Ballabgabe und Ballannahme untergliedert werden. Umspiel- und Abwehrtechniken im 1 vs. 1 werden im Abschn. 5.2 dargestellt.

Ergänzende Information Die elektronische Version dieses Kapitels enthält Zusatzmaterial, auf das über folgenden Link zugegriffen werden kann https://doi.org/10.1007/978-3-662-68885-4_5. Die Videos lassen sich durch Anklicken des DOI Links in der Legende einer entsprechenden Abbildung abspielen, oder indem Sie diesen Link mit der SN More Media App scannen.

Tab. 5.1 Sportspielübergreifende Basiskompetenzen und sportspielspezifische technische Fertigkeiten (in Anlehnung an Roth & Kröger 2021)

Basistechniken	Beispiele aus dem Hockey
Flugbahn des Balls erkennen	Schlenzbälle
Positionen und Bewegungen erkennen • Von Mitspieler*innen • Von Gegenspieler*innen	Individualtaktisches Freilaufverhalten
Laufweg zum Ball bestimmen	Annahme des Balls aus der Bewegung
Spielpunkt des Balls bestimmen	Timing
Ballbesitz kontrollieren	Ballführung, 3D-Hockey
Ballabgabe kontrollieren	Angriffskombinationsspiel

Die wichtigsten Unterschiede zwischen Feld- und Hallenhockey bestehen darin, dass im Hallenhockey lediglich flache Bälle ohne Ausholbewegungen des Schlägers gespielt werden dürfen. Im Feldhockey sind hingegen Schlagbewegungen erlaubt. Zudem darf der Ball in der Luft gespielt werden (3D-Hockey), solange keine Spieler*innen gefährdet werden.

Eine Besonderheit der Abgabetechniken stellt der Torschuss dar; hier ist das hohe Spielen des Balls sowohl in der Halle als auch auf dem Feld als Torschuss erlaubt. Genaue Beschreibungen zu den Techniken des Torschusses sind in Abschn. 5.3 zu finden.

5.1   Grundlagen der Technikvermittlung

Den Ball technisch sicher zu führen, zu spielen und anzunehmen, stellen grundlegende Fertigkeiten der Spielfähigkeit im Hockey dar. Zur Schulung der Fertigkeiten ist es zunächst notwendig, das Material und den Umgang damit kennenzulernen. Die notwendigen Begriffe sowie Grundlagen zur Schlägerhaltung sind bereits in vorangegangenen Kapiteln aufgeführt (siehe Kap. 3).

Je nach Zielstellung können unterschiedliche Methoden gewählt werden, um Techniken im Hockey zu erlernen. So können die Aufgabe und die Bewegung zum Beispiel klar vorgegeben sein. Alternativ wird den Übenden ein möglicher Spielraum zur Verfügung gestellt, in dem die Technik durch Ausprobieren erlernt wird. In den vergangenen zehn Jahren wurde zunehmend das *Ausprobieren mit vorgegebenem Rahmen* beispielsweise mit dem Ansatz der Ballschule oder der integrativen Sportspielvermittlung (König und Memmert 2012) befürwortet, da hierdurch die Handlungskompetenz (Spielintelligenz und Spielkreativität) langfristig gefördert werden kann.

▶ **Definition** Werden Technikelemente im Hockey explizit erlernt, ist damit das bewusste Erlernen der Bewegung mithilfe der genauen Vorgabe der Anleitung gemeint. Implizit wird eine Bewegung hingegen dann gelernt, wenn die Aufgabe ohne Darstellung von Lernablauf und -ziel unbewusst angeeignet wird. Während explizite Lernprozesse eine niedrige Komplexität durch einen hohen Grad an Standardisierung aufweisen, sind implizite Lernprozesse hochkomplex und wenig standardisiert (Roth 2005, S. 300).

Ein praktisches Beispiel kann mithilfe des Technikelements *Erlernen der Ballführung mit der Vorhand* dargestellt werden: Die Ballführung kann entweder durch klare Anweisungen der Lehrkraft („Führe den Ball an flacher Schlägerseite, Ball an Keule, Blick heben, Ballführung neben oder vor dem Körper etc." = explizit) oder durch die Aufgabenstellung selbst erlernt werden („Führe den Ball regelkonform so schnell wie möglich zum Ziel" = implizit). Letztgenannte Methode kann mehr Zeit zur Lösungsfindung in Anspruch nehmen, ist langfristig aber nachhaltiger im Sinne der Spielintelligenz und Spielkreativität.

Zunächst werden die Elemente der spielmethodischen Formen, Reihen und schließlich Konzeptionen und Konzepte dargelegt.

Zu den grundlegenden Vermittlungsmethoden im Sportspiel zählen zunächst die **spielmethodischen Formen**. Hierzu zählen Übungs- und Spielformen. Erstere beschreiben klar vordefinierte Übungssituationen, in denen die Aufgabe und deren Lösung klar vorgegeben sind („Passe von A nach B!"). Letztere zeichnen sich dadurch aus, dass die Spielelemente des Zielspiels bereits integriert sind und der Ausgang der Aufgabe unklar bleibt („Spiele im 2 vs. 2 Richtung Tor!").

Es existieren unterschiedliche Modelle zur Spielumgestaltung. Ziel ist es, dass die Teilhabe an dem Spiel für alle gleichermaßen ermöglicht wird. So nimmt die Spielumgestaltung insbesondere im Kontext heterogener Gruppen einen besonderen Stellenwert ein (siehe auch Kap. 9).

Beispiele für solche Modelle sind das *TREE-Modell* oder das *6 + 1-Modell* (Tiemann 2013). Dabei kann das Spiel in Anlehnung an das *TREE-Modell* durch eine Modifizierung der Anleitung (**T**eaching Style), des Regelwerks (**R**ules and Regulations), der Rahmenbedingungen (**E**nvironment) sowie des Materials (**E**quipment) variiert werden. Aufgrund der Komplexität der technischen Elemente und zur Gewährleistung der Sicherheit empfiehlt es sich, bei Spielanfänger*innen insbesondere i) das Material und ii) die Rahmenbedingungen zu verändern, um Techniken zunächst ohne gegnerischen Einfluss zu schulen. Das *6 + 1-Modell* eines adaptiven Sportunterrichts nach Tiemann (2013) zeichnet sich durch die hervorgehobene Bedeutung der (inklusiven) Haltung der Lehrkraft aus. Neben dieser zentralen Rolle der Lehrkraft für das Gelingen eines inklusiven Sportangebots können zudem die Aufgabenstellung, das Material, das Lernumfeld, das Regelwerk, die Sozialform und die Kommunikation angepasst werden.

Grundsätzlich sind diese Modelle jedoch nur ein erster Ansatz, um Unterricht inklusiv zu gestalten. Neben der Bedeutung möglicher Modifikationen, die durch die Modelle ausgedrückt werden, verweist Tiemann (2013) auf die Bedeutung von vier Aktivitätstypen für ein (gelungenes) inklusives Sportangebot. Zunächst wird beim 1) offenen Aktivitätstyp die Bewegungsausführung sowie die Auswahl von Material und Sozialform entscheidungsfrei gestaltet. Bei der 2) gemeinsamen Aktivität wird das Spiel entsprechend der Akteur*innen angepasst, um eine gleichberechtigte Teilhabe aller Spielenden zu ermöglichen. Bei der 3) angepassten, parallelen Aktivität werden differenzierte Lernangebote zur Verfügung gestellt. Ein Beispiel für diese Aktivität ist das Lernen an Stationen. Schließlich wird beim 4) umfassenden Aktivitätstyp ein Spiel angeboten, an dem alle Teilnehmenden ohne bzw. unter geringfügigen Änderungen am Spiel teilhaben können (Tiemann 2013).

Spielmethodische Reihen sind aufeinander aufbauende Übungs- und Spielreihen. Diese werden entsprechend der methodischen Grundprinzipien aufgebaut. Die Steigerung erfolgt demnach vom Einfachen zum Komplexen, vom Leichten zum Schweren, vom Bekannten zum Unbekannten und vom Statischen zum Dynamischen. Eine Übungsreihe zum Erlernen der Ballabgabe würde demnach beispielsweise zunächst im Stand ohne Gegner*innendruck, dann mit rollendem Ball und schließlich mit rollendem Ball in der Bewegung und komplexeren Spielsituationen (z. B. mit Gegner*innendruck) umgesetzt werden.

Die einzelnen Elemente werden zuletzt auf der Ebene der **spielmethodischen Konzeptionen und Konzepte** zusammengefasst. Das elementhaft-synthetische Modell zeichnet sich dadurch aus, dass einzelne Elemente isoliert aufeinander aufbauend erlernt werden (z. B. Übungsreihe zum Stoppen mit der Vorhand). Das ganzheitlich-analytische Modell beinhaltet hingegen die Integration der grundlegenden Spielidee bereits zu Beginn der Durchführung. Einzelne Spielelemente können herausgegriffen und in Reihen unterrichtet werden. Im spielgemäßen Konzept werden beispielsweise einzelne Übungsreihen genutzt, um Grundfertigkeiten zu schulen. Nachfolgende Beispiele können hierfür aus dem Hockey dargestellt werden. Es empfiehlt sich, das Spielfeld zu verkleinern und das Feld in drei Querzonen einzuteilen (mittlere Zone ist zunächst die Tabuzone):

Die Spielidee im Hockey ist es, Tore zu schießen und Tore zu verteidigen. Die Integration der Spielidee in der ersten Spielform ist unabdingbar.

- **Spiel 1 (Level 1):** Torschussball 1 vs. 1; kein Gegner*innenkontakt (Abb. 5.1a, vgl. auch Abschn. 6.2.2)
  - Ziel des Spiels: Schulung der Ballabgabe und -annahme
  - Beispiel Übungsreihe: Schulung Schiebepass und Ballannahme mit Vorhand und Rückhand zunächst statisch, anschließend dynamisch
- **Spiel 2 (Level 2):** Torschussball 2 vs. 2; Bewegung bis zur Tabuzone; kein Gegner*innenkontakt (Abb. 5.1b)
  - Ziel des Spiels: miteinander spielen
  - Beispiel Übungsreihe: Schulung der Angriffskombinationen durch Passübungen
- **Spiel 3 (Level 3 & 4):** Torschussball 3 vs. 3; ein*e Störer*in in der Tabuzone erlaubt; erster Gegner*innenkontakt (Abb. 5.1c), Erweiterung: ein*e Störer*in in Torschusszone erlaubt (Abb. 5.1d)
  - Ziel des Spiels: erste Zweikampferfahrungen sammeln
  - Beispiel Übungsreihe: Schulung der Umspiel- und Verteidigungstechniken im 1 vs. 1
- **Spiel 4 (Level 5):** Torschussball 4 vs. 4; Zonen auflösen (Abb. 5.1e)

Abb. 5.1   a–e Spielreihe mit
fünf Leveln zum Erlernen
technischer Grundfertigkeiten

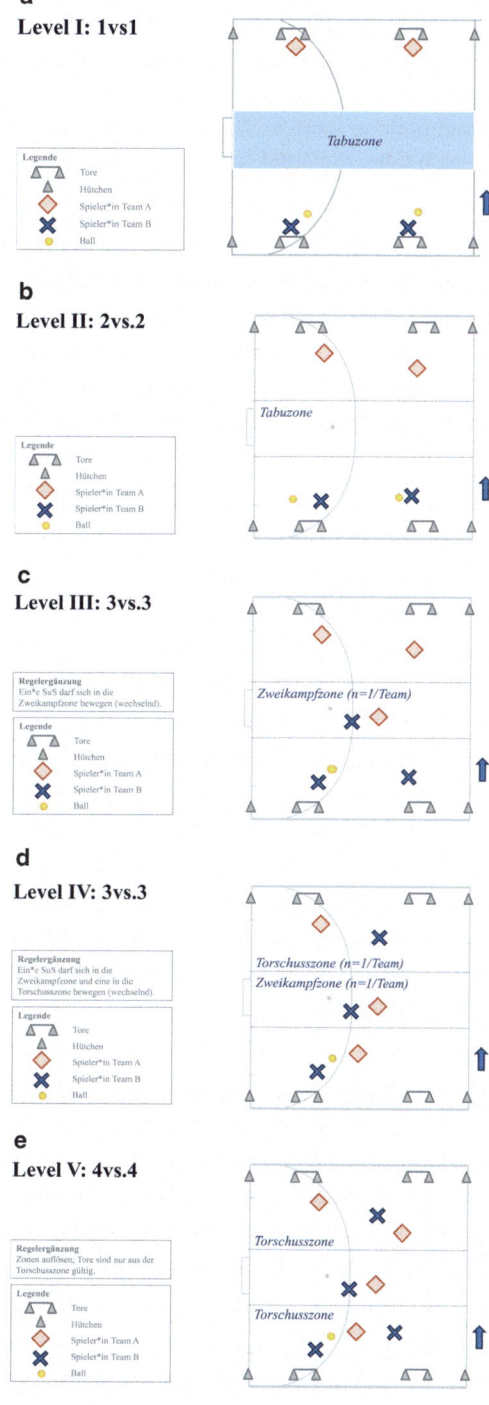

a
Level I: 1vs1

b
Level II: 2vs.2

c
Level III: 3vs.3

d
Level IV: 3vs.3

e
Level V: 4vs.4

- Ziel des Spiels: erste taktische Grundkenntnisse (Tiefe und Breite des Spiel-
  felds nutzen) erlangen
- Beispiel Übungsreihe: Schulung des Überzahl- und Unterzahlspiels

Abschließend kann z. B. Zonen- oder Minihockey umgesetzt werden. Wichtig ist
es, sich dem Zielspiel in vereinfachter und sicherer Variation anzunähern. Weitere
spielmethodische Konzepte sind der Ansatz des *TGFU*, der *integrativen Sportspielvermittlung* sowie des *genetischen Modells*. Diese nehmen für die Vermittlung
der sportspielspezifischen Technik jedoch zunächst einen weniger relevanten
Stellenwert ein und werden daher im Kontext der Taktikvermittlung detailliert dargestellt.

▶   **Tipp** Es wird empfohlen, die Techniken im Hockey zunächst ohne
    Druckbedingungen, mit räumlicher Trennung der Lernenden und/ oder
    mit alternativem Material (z. B. Ringe, Softbälle, Poolnudeln) zu schulen.
    Ziel ist zunächst das Erlernen der Auge-Hand-Koordination, bevor die
    Spielfähigkeit vermittelt werden kann.

5.2   Ballkontrolle

Durch die Professionalisierung des Hockeysports im Allgemeinen und die
kontinuierlichen Verbesserungen von Material und Spielfeldern im Speziellen (Kap. 2) hat auch die Sportart Hockey in den vergangenen Jahrzehnten an
Attraktivität gewonnen. Damit verbunden ist insbesondere im Feldhockey eine
Ausdifferenzierung von unterschiedlichen Möglichkeiten der Ballführung. Ziel ist
es, dass die Spieler*innen Kontrolle während des Ballbesitzes erlangen oder den
Ball wieder kontrolliert in ihren Besitz bringen. Dementsprechend haben die dargestellten technischen Fertigkeiten eine besondere individualtaktische Relevanz.

Im Folgenden werden zunächst detailliert die Basistechniken der Ballführung
beschrieben. Die darauf aufbauenden Um- und Ausspieltechniken werden entsprechend anschließend dargestellt.

5.2.1   Basics – Techniken mit Ballbesitz

Vorhandseitführen
Für eine Heranführung an eine Ballführung im Hockey bietet es sich zunächst
an, mit dem Vorhandseitführen zu beginnen. Bei allen Techniken der Ballführung sollte darauf geachtet werden, dass der Ball nah am Schläger geführt wird
(Trainingshinweis→ Ball „klebt" an der Keule). Gleichzeitig ist es im Anfänger*innenbereich notwendig, immer wieder darauf hinzuweisen, dass der Blick
regelmäßig vom Ball gelöst wird, um das Spielumfeld im Blick zu behalten. In
Tab. 5.2 sind die wichtigsten Kenngrößen des Vorhandseitführens aufgeführt.

Tab. 5.2 Grundlagen des Vorhandseitführens

Ausgangsposition	• Die Beine und der Oberkörper sind leicht gebeugt • Die Füße und der Oberkörper zeigen in die Laufrichtung
Schlägerhaltung	• Die flache Seite des Schlägers zeigt in Laufrichtung • Die Schlägerkeule ist auf der rechten Seite des*der Ballführenden • Die **linke Hand** greift oben am Schläger (Handrücken zeigt in Lauf- richtung), die **rechte Hand** greift weiter unten am Ende des Griff- bandes (Handrücken zeigt entgegen der Laufrichtung) • Die Handgelenke sind gestreckt • Der Schläger wird seitlich mit einer Neigung von ca. 45° zum Boden aufgestellt (Abb. 5.2)
Durchführung	• Der Ball wird frontal oder auf der Vorhandseite rechts vom Körper geführt • Der Ball „klebt" am Schläger und der Blick wird regelmäßig nach oben gerichtet, um das Spielumfeld im Blick zu behalten

Stoppen des Balls aus dem Vorhandseitführen

Das Ziel der Aktion besteht darin, den Ball aus dem seitlichen Vorhandführen mit
der Rückhand zum Stoppen zu bringen. Mithilfe des Drehgriffs (Abschn. 3.4) wird
der Schläger in Rückhandstellung vor den Ball gesetzt. Der Ball wird dabei auf
Höhe des vorderen Fußes zum Stoppen gebracht.

Abb. 5.2 Vorhandseitführen
mit Ballposition am vorderen
rechten Fuß

Verschleppte Vorhandführung

Die verschleppte Vorhandführung ermöglicht ein effektiveres Abschirmen oder Abspielen des Balls gegen gegnerische Verteidigungsaktionen. Dazu wird der Ball im Gegensatz zum Vorhandseitführen nicht seitlich vor dem Körper, sondern seitlich verschleppt neben dem Körper bzw. auf Höhe des hinteren Fußes geführt. Die Füße zeigen dafür weiterhin in Laufrichtung. Der Oberkörper rotiert nach rechts in Richtung des Balls (Abb. 5.3). Durch das Verschleppen des Balls gerät der Ball außerhalb des peripheren Sichtfeldes des*der Ballführenden. Anfänger*innen neigen dazu, den Blick häufig nach rechts zu wenden. Um das Spielumfeld bestmöglich im Blick zu behalten, sollte im Training darauf geachtet werden, dass die Ballführenden den Blick regelmäßig vom Ball lösen.

Frontale Vorhandführung

Im Gegensatz zur seitlichen Vorhandführung wird der Ball bei der frontalen Vorhandführung vor dem Körper geführt. Damit verbunden sind eine tiefere Oberkörperhaltung und ein leichtes Öffnen des Schlägers (Abb. 5.4). Die frontale Vorhandführung ermöglicht eine bessere Ausgangssituation für das Umspielen gegnerischer Spieler*innen, z. B. durch ein Dribbling im 3D-Hockey (Abschn. 5.2.2). Nachteile der Technik bestehen in der größeren Anfälligkeit für gegnerische Verteidigungsaktionen (Abschn. 5.2.3).

Abb. 5.3 Verschleppte Vorhandführung

Abb. 5.4 Ballführung mit
der Vorhand (frontal)

Führen des Balls mit der Rückhand

Alle Techniken im Vorhandführen können auch auf der Rückhandseite durchgeführt werden. Die wichtigsten Änderungen zum Vorhandführen beinhalten, dass
die linke Hand im Drehgriff ist und der Handrücken Richtung Boden zeigt. Die
rechte Hand bleibt in Spielrichtung und der linke Ellbogen zieht nach hinten, sodass der Unterarm ungefähr in Verlängerung des Schlägers ist. Der Schläger kann
dadurch auf der linken Körperseite aufgesetzt werden, sodass die Keule nach
unten zeigt (Abb. 5.5).

Vorhand-Rückhand-Ballführung (Indisches Dribbling) im Stand

Die Vorhand-Rückhand-Ballführung (auch: Indisches Dribbling) stellt eine Technik dar, um den Ball möglichst effektiv, kontrolliert und dem Regelwerk entsprechend über das Feld zu führen. Der Drehgriff (Abschn. 3.4) ermöglicht dabei
das regelkonforme Spielen des Balls aus der Vorhand über die Rückhand und
wieder zurück. Die Grundlagen des Indischen Dribblings sind in nachfolgender
Tab. 5.3 dargestellt.

Vorhand-Rückhand-Dribbling im Laufen

Bei der Umsetzung des Vorhand-Rückhand-Dribblings im Laufen sollte darauf
geachtet werden, dass der Ball mit ausreichend Abstand vor den Füßen geführt

wird. Der Ball wird nach vorne gespielt, indem der Schläger während der Drehung weiter um den Ball herumgeführt wird, wodurch der Ball diagonal nach vorne von der Vorhand zur Rückhand und wieder zurückgespielt werden kann.

Abb. 5.5 Ballführung mit der Rückhand

Tab. 5.3 Grundlagen des Indischen Dribblings

Schlägerhaltung	• Der Schläger wird in Vorhandstellung mit einer Neigung von 45° zum Boden geführt • Der Ball liegt auf Höhe des rechten Fußes • Anwendung des Drehgriffs
Durchführung	• Impuls der Drehung durch die linke Hand • Die rechte Hand sitzt locker am Schläger und greift den Schläger erst beim Stoppen des Balls auf der Rückhandseite • Auf der Rückhandseite angekommen, liegt der Ball vor dem linken Fuß; die Keulenspitze zeigt nach unten; der Handrücken der linken Hand zeigt nach unten • Durch die Anwendung des Drehgriffs wird der Ball nun wieder in die Vorhandstellung gebracht (Abb. 5.6) • Um das Tempo zu erhöhen, sollte insbesondere darauf geachtet werden, dass der Schläger in den Ausgangssituationen auf der Vor- und der Rückhand jeweils in einem 45°-Winkel und nicht in einem rechten Winkel zum Boden steht

Abb. 5.6 a–d   Indisches   Dribbling   URL: ▶   https://doi.org/10.1007/000-bnk   und
https://doi.org/10.1007/000-bn6

Führen des Balls

Lernziele	Erlernen einer variablen Vorhandführung
Zeitlicher Rahmen	45 min
Schwierigkeitslevel	1 **2** 3 4 5
Anzahl Spieler*innen	Beliebig; Empfehlung max. 30 Teilnehmende
Spielfeld	Hallen-Spielfeld
Material	• 1 Schläger und 1 Ball pro Spieler*in • Circa 4-6 Markierungshütchen zur Begrenzung des Feldes
Übungs- und Spielbeschreibung	Level 1: Die Spieler*innen werden in mehreren kleinen Gruppen hinter der Grundlinie aufgeteilt. Alle vorhandenen Bälle werden auf die Gruppen verteilt. Die Bälle werden nun durch die Vorhandseitführung von den Spieler*innen gleichzeitig hinter die Viertellinie oder eine andere Markierung gebracht. Sobald die ersten Spieler*innen auf der anderen Seite angekommen sind, dürfen die nächsten Spieler*innen jeder Gruppe loslaufen (Abb. 5.7). Die Struktur in Gruppen dient der besseren Organisation; es muss hierbei kein Wettkampf durchgeführt werden. Level 2: Übungsaufbau wie in Level 1 Auf ein Signal (Pfiff) sollen die Spieler*innen den Ball aus dem Vorhandseitführen zum Stoppen bringen. Level 3: Die Spieler*innen gehen in Paaren zusammen. Dabei steht ein*e Partner*in vor der Grundlinie und ein*e Partner*in hinter der Grundlinie. Ein*e Spieler*in führt den Ball nun zur Viertellinie (oder einer anderen Markierung). Die Partner*innen laufen 3–4 m vor den Ballführenden und zeigen mit ihren Fingern Zahlen, Figuren oder Zeichen an, die die Ballführenden erkennen und laut wiedergeben sollen.

Führen des Balls

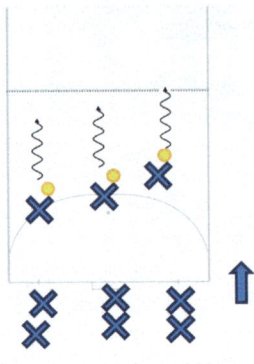

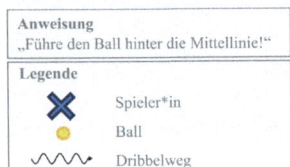

Anweisung
„Führe den Ball hinter die Mittellinie!"

Legende

✖   Spieler*in

🟡   Ball

〰〰〰   Dribbelweg

Abb. 5.7 Führen des Balls mit der Vorhand (Level 1)

	Level 4: Übungsaufbau wie in Level 3 Dieses Mal geben die Partner*innen Kommandos für die unterschiedlichen Varianten der Vorhandführung: Kommando 1 → Vorhandseitführen Kommando 2 → Verschleppte Ballführung Kommando 3 → offene Vorhandführung Level 5: Die Mannschaften werden in zwei Gruppen aufgeteilt, die sich hinter der Grundlinie aufstellen. Alle Bälle werden hinter der Grundlinie verteilt. Auf ein Kommando dürfen alle Spieler*innen gleichzeitig die Bälle in ein Spielfeld der eigenen Mannschaft hinter die Viertellinie bringen. Es sollte darauf geachtet werden, dass die Spieler*innen nach Ablegen des Balles außen zurücklaufen, um eine Kollision mit anderen (ballführenden) Spieler*innen zu vermeiden. Dafür sollten evtl. mit Hütchen Laufwege markiert werden.
Möglichkeiten der Differenzierung	Zu Beginn kann der Hockeyball durch einen größeren Ball ersetzt werden, der das Führen des Balles erleichtert.

Vorhand-Rückhand-Dribbling

Lernziele	Erlernen des Vorhand-Rückhand-Dribblings				
Zeitlicher Rahmen	45 min				
Schwierigkeitslevel	1	2	3	4	5
Anzahl Spieler*innen	Beliebig; Empfehlung max. 15 Teilnehmende für ein Spielfeld in einer Hallenhälfte				
Spielfeld	Hallenhälfte (quer)				
Material	• 1 Schläger und 1 Ball pro Spieler*in • Jeweils 2 Markierungshütchen pro Spieler*in (Level 1) oder ca. 3-6 Reifen und Poolnudeln (Level 3)				

Übungs- und Spiel-beschreibung	Level 1: Die Spieler*innen stellen sich vor dem Hütchentor auf und ziehen den Ball von einem zum anderen Hütchen. Dabei ist darauf zu achten, dass die rechte Hand locker bleibt (Drehgriff!) und die Arme durch ein Zugreifen der rechten Hand sich nicht überkreuzen. Level 2: Die Spieler*innen dribbeln in einem Parcours mit Vor- und Rückhandziehern an aufeinanderfolgenden Hütchentoren vorbei. Level 3: In einem Spielfeld sollen die Spieler*innen gleichzeitig von der einen auf die andere Seite dribbeln. Innerhalb des Spielfeldes werden versetzt Gegner*innen in Reifen gestellt, die mit einer Poolnudel die vorbeilaufenden Spieler*innen versuchen zu behindern (Abb. 5.8).
	Level 4: Die Spieler*innen versuchen im Schusskreis durch ein Dribbling ihren eigenen Ball zu verteidigen. Der*die Torhüter*in oder andere Spieler*innen versuchen die Ballführenden von ihren Bällen zu trennen. Wenn ein*e Spieler*in den Ball verliert, muss diese Person ebenfalls versuchen die Bälle abzunehmen. Das Spiel dauert so lange an, bis alle Spieler*innen ihre Bälle verloren haben.
Möglichkeiten der Differenzierung	In sehr heterogenen und großen Gruppen können die Übungen auch als Stationsbetrieb aufgebaut werden. So können die Spielenden gleichzeitig an unterschiedlich schweren Stationen arbeiten. In den Leveln 3 und 4 kann der Grad der Passivität der Gegner*innen angepasst werden.

Dribbling aus dem Laufen – Level III

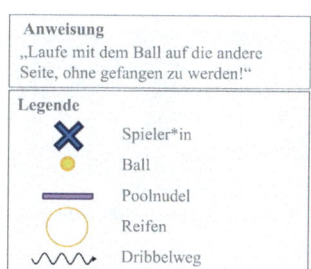

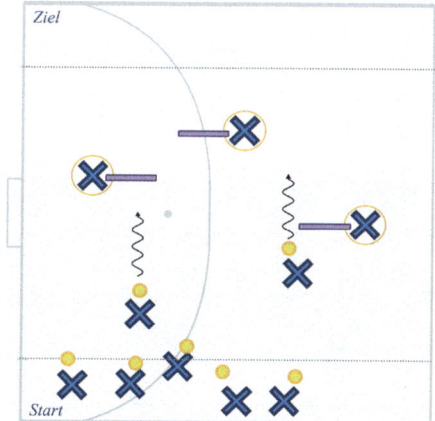

Abb. 5.8 Erlernen des Vorhand-Rückhand-Dribblings aus dem Laufen (Level 3)

5.2.2   Advanced – Techniken mit Ballbesitz/ Individualtaktik offensiv

Auf dem Spielfeld, insbesondere im Zweikampf, wird es häufig notwendig, komplexere Spieltechniken anzuwenden. Im Folgenden werden spezielle Techniken vorgestellt, die insbesondere ein Aus- und Umspielen von gegnerischen Spieler*innen bzw. zum Ausweichen gegnerischer Verteidigungsaktionen dienen. Diese umfassen den sogenannten Zieher, die sogenannte Schnecke, sowie Techniken des 3D-Hockeys mit Vorhand und Rückhand. Letzteres ist ausschließlich im Feldhockey zugelassen und unter Ausschluss der Gefährdung von Spieler*innen. Eine Kombination aller Techniken ist möglich.

Die optimale Anwendung der jeweiligen Technik hängt davon ab, wie viele Spieler*innen umspielt werden, welcher Ballweg gewählt wird und welche Druckbedingungen vorhanden sind. Eine differenzierte Ausarbeitung zur Thematik des Um- und Ausspielens kann in der Ausarbeitung von Schmidt-Busse (2005) nachgelesen werden.

Zieher
Der Vor- bzw. Rückhandzieher ist eine Technik, bei welcher der Ball mit dem Schläger zur Seite gezogen wird, um Gegner*innen auszuweichen oder zu umspielen. Für den Vorhandzieher wird der Ball aus der frontalen Ballführung in Vorhandstellung nach links gezogen (Abb. 5.9a–c). Der Ball wird gestoppt, indem der Schläger durch den Drehgriff in Rückhandstellung gebracht wird (Abb. 5.9d). Gleichzeitig wird der rechte Fuß und die rechte Schulter in die Zugriffsrichtung der Gegner*innen gestellt. In der Endstellung zeigt die Spitze der Keule somit nach unten. Als Pendant dazu wird der Ball für den Rückhandzieher aus der Rückhandstellung nach rechts gezogen (Abb. 5.10a, b). Der Zieher endet, indem der Schläger erneut mithilfe des Drehgriffs nun in Vorhandstellung gedreht wird (Abb. 5.10c). Gleichzeitig wird der linke Fuß und die linke Schulter in die Zugriffsrichtung der Gegner*innen gestellt. Im Training der Technik sollte

Abb. 5.9   a–d Vorhandzieher

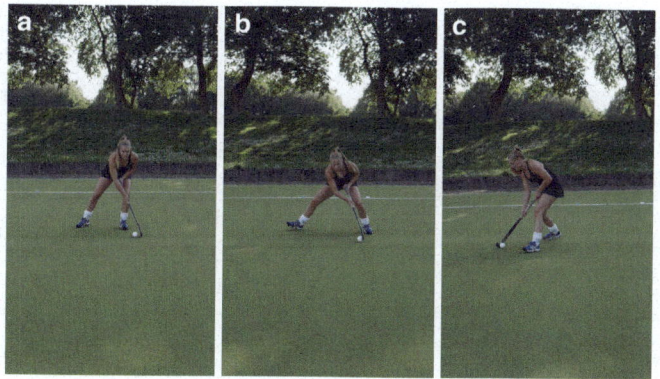

Abb. 5.10 a–c Rückhandzieher

von Anfang an darauf geachtet werden, dass der Ball möglichst weit nach rechts bzw. links gezogen wird, um den Ball außerhalb der Reichweite gegnerischer Verteidigungsaktionen spielen zu können.

Schnecke

Bei dieser Technik erfolgt ein Einhaken des Balls zwischen Schlägerkeule und Schlägerschaft. Bei gleichzeitiger Drehung um die eigene linke oder rechte Schulter kann der Ball dadurch um gegnerische Spieler*innen herumgeführt werden. Dazu liegt der Ball meist in Vorhandstellung seitlich hinter dem Körper, ähnlich wie bei der verschleppten Ballführung. Der Ball wird nun in die Schlägerkeule eingehakt, indem der Schläger nah zum Boden geführt wird. Aus dieser Position heraus wird der Ball ellipsenförmig um die linke Schulter gedreht (Schnecke Vorhand, Abb. 5.11a–d). Das Einklemmen des Balls erfolgt bei der Schnecke Rückhand identisch; allerdings dreht der*die Spieler*in dann um die rechte Schulter.

Abb. 5.11 a–d Schnecke Vorhand

Abb. 5.12 a–d Schnecke Rückhand beidhändig

Abb. 5.13 a, b Schnecke
Rückhand einhändig

Die Bewegung kann entweder beidhändig (Abb. 5.12a–d) oder einhändig durchgeführt werden (Abb. 5.13a, b). Eine zu tiefe Position des Schlägers führt dazu, dass der Ball bei einer schnellen Drehung aus der Schlägerkeule läuft. In der Endausführung sollte die Drehung nicht zu eng um die eigene Achse des Körpers erfolgen, damit die gegnerische Reichweite überwunden werden kann.

Das 3D-Hockey beschreibt Techniken der Ballführung im dreidimensionalen Raum. Der Ball wird demnach vom Boden gelöst. Ein Anheben des Balls ist regelbedingt lediglich auf dem Feld, nicht aber in der Halle erlaubt.

Anheben des Balls (auch: Hepper)
Das Ziel der Aktion besteht darin, eine Überwindung des gegnerischen Schlägers durch ein leichtes Anheben des Balls zu ermöglichen. Dafür wird der Ball vor dem Körper geführt. Der Schläger wird weiter zum Boden geneigt, sodass die Schlägerkeule unter den Ball kommen kann. Der Druck zum Anheben des Balls geht dabei von der rechten Hand aus (Abb. 5.14a–c). Die Aktion wird im

Abb. 5.14 a–c Hepper

Anfänger*innenbereich dadurch erleichtert, dass die Spieler*innen den Ball leicht auf sich zurollen lassen.

Der Hepper kann ebenfalls durch eine Körperverlagerung nach rechts (Vorhand) oder nach links (Rückhand) eingeleitet werden. Der Vorteil ist, dass der Ball durch die vorangegangene Aktion besser angehoben werden kann (Abb. 5.15a–c).

Anheben des Balls durch Schlag auf den Ball (auch: Drop)
Aus der verschleppten Ballführung wird mit dem Schläger ein Impuls von oben auf das hintere Drittel des Balls gegeben, sodass dieser vom Boden aufspringt und tiefliegende gegnerische Schläger überspielt werden können (Abb. 5.16a, b). Im Anfänger*innenbereich wird der Impuls auf den Ball häufig zu weit von oben (Ball springt nicht hoch) oder hinten (Ball springt zu weit nach vorne) auf den Ball übertragen.

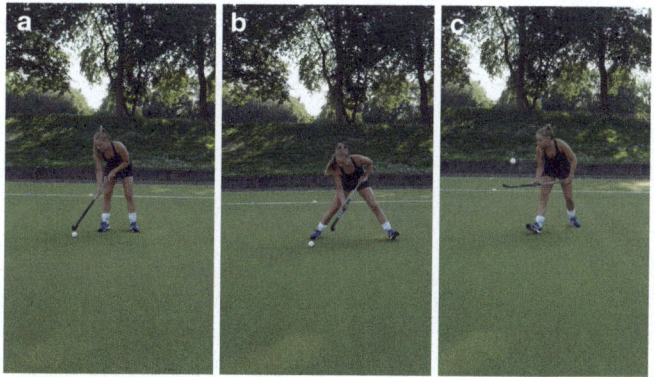

Abb. 5.15 a–c Hepper nach Rückhandzieher

Abb. 5.16   a, b Durchführung des Drops bei verschleppter Ballführung

▷   **Tipp** Für Anfänger*innen sollte der Fokus zunächst auf wenige wich-
    tige individualtaktische Grundprinzipien bei der Anwendung von Tech-
    niken mit Ballbesitz gelegt werden. Beispiele für solche Grundprinzipien
    sind:

- Blick heben und vorausschauendes Spiel
- Offene Körperposition, um viele Spielmöglichkeiten zu haben
- Tempowechsel, Körper- und Schlägertäuschungen integrieren
- Abstand zum Schläger/Ball durch Fußarbeit korrigieren

Variables 3D-Hockey

Lernziele	Erlernen einer variablen Ballführung im 3D-Hockey
Zeitlicher Rahmen	45 min
Schwierigkeitslevel	1 2 **3** 4 5
Anzahl Spieler*innen	Beliebig, mind. 2 Teilnehmende
Spielfeld	Schusskreis, bei größeren Gruppen: Hallenhälfte oder Viertel (Feld-hockey)
Material	• 1 Schläger und 1 Ball pro Spieler*in • Markierungshütchen, Pylonen und Stangen als Hindernis
Übungs- und Spiel-beschreibung	Level 1: Im Schusskreis werden umgekippte Pylonen verteilt. Die Spieler*innen laufen durch den ganzen Schusskreis und versuchen ihren Ball in unterschiedliche Pylonen zu heben (Abb. 5.17).

	Level 2: Der Ball wird von den Spieler*innen frontal angehoben und über das Spielfeld geführt. Dabei sollte darauf geachtet werden, dass es zu einem Rhythmus kommt. → Ball berührt einmal den Boden, Schläger berührt den Ball, Ball berührt einmal den Boden, etc. Level 3: Es werden zwei Parcours mit aufeinanderfolgenden Stangen aufgebaut. Die Spieler*innen sollen nun den Ball mit Techniken des 3D-Hockey über die Stangen führen. Dazu sollten die Stangen sowohl senkrecht, quer als auch diagonal verteilt werden, damit ein variables Üben unterschiedlicher Techniken des 3D-Hockey ermöglicht wird. Level 4: Die Spieler*innen stehen in einem nach hinten geöffnetem Quadrat aus Stangen. Auf ein Kommando wird der Ball nach vorne oder seitlich (rechts-links) aus dem Quadrat herausgehoben. Level 5: Von den Spieler*innen werden in einem Spielfeld (Schusskreis oder Viertel) verschiedene Pylonen, Hütchen und Stangen platziert. Die Spieler*innen dürfen in der Ausgestaltung der Hindernisse kreativ agieren. Danach dribbeln die Spielenden eigenständig und kreativ durch den Parcours. Dabei sollen vorher erlernte Techniken (3D-Hockey; Vorhand-Rückhand Dribbling) angewendet werden (Abb. 5.17).
Möglichkeiten der Differenzierung	Schritt 5 kann auch mit Gegenspieler*innen gespielt werden, die versuchen, die Bälle der Ballführenden zu abzunehmen.

Variables 3D-Hockey (Level I & V)

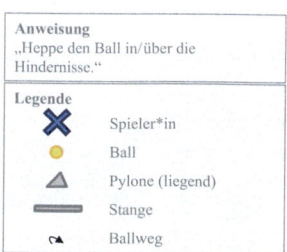

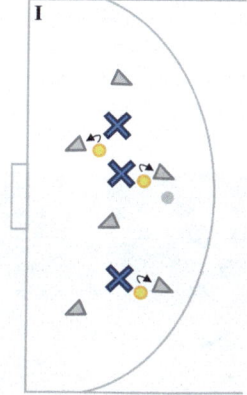

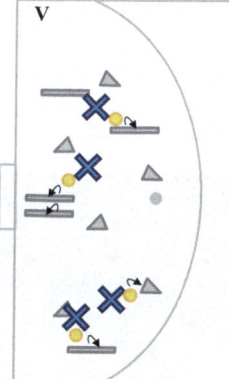

Abb. 5.17 Erlernen einer variablen 3D-Ballführung (Level 1 & 5)

5.2.3   Techniken ohne Ballbesitz/ Individualtaktik defensiv

Ist die gegnerische Mannschaft in Ballbesitz, wird individual-, gruppen- und mannschaftstaktisch versucht, den Ball wiederzuerlangen. Die nachfolgenden Techniken sind dabei die Grundlage der Verteidigung im 1 vs. 1.

Verteidigen mit der tiefen Vorhand/ Rückhand
Da der Ball sowohl mit der Schlägerkeule als auch mit dem Schlägerschaft der flachen Seite gestoppt werden darf, kann zur Verteidigung des Balls die tiefe Vor- oder Rückhand genutzt werden. Hierbei wird der Schläger senkrecht zum Boden aufgelegt, sodass sich die Fläche, mit welcher der Ball aufgehalten werden soll, vergrößert wird. Die Technik wird häufiger im Hallen- als im Feldhockey angewandt, da der Ball in der Halle – mit Ausnahme des Torschusses – nicht hochgespielt werden darf.

Verteidigungsstecher (auch: Poke)
Der Verteidigungsstecher stellt eine Technik der Defensive im Feldhockey dar. Hierbei wird der Schläger mit der Spielseite nach oben gerichtet vor dem Körper gehalten. Die Schlägerkeule wird mit einer schnellkräftigen Bewegung nach vorne gestoßen, sodass die Schlägerspitze gegen den Ball trifft (Abb. 5.18a–d). Hierdurch soll der Spielfluss des*der Angreifenden unterbrochen werden und der Ballbesitz zum eigenen Team übergehen.

Die Durchführung des Verteidigungsstechers erfolgt in einer seitlichen Schrittstellung. Der Schläger wird mit der flachen Schlägerseite nach oben vor dem Körper gehalten; die Keule zeigt in Richtung des Balls. Der Abstand beträgt ungefähr 1,5 m (eine Schlägerlänge) zum*zur Ballbesitzenden (Abb. 5.18a). Es wird mit einem Schritt nach vorne und einer schnellkräftigen Bewegung des Schlägers versucht, den Ball mit der Keule aus der Reichweite der*des Gegenspielenden zu spielen (Abb. 5.18b, d). Anschließend wird das Gewicht wieder zurückverlagert und der linke Fuß mit dem Schläger gesichert (Abb. 5.18c). Das

Abb. 5.18 a–d Drei Schritte des Verteidigungsstechers (Ausgangsposition – Aktion – Sicherung) in der Frontal- (a–c) sowie Seitansicht (d) URL: ▸ https://doi.org/10.1007/000-bn7

ist dadurch zu begründen, da die Rückhandseite und damit der linke Fuß die schwächere Position der*des Spielenden darstellt. Dadurch ist gewährleistet, dass auf Folgeaktionen weiterhin reagiert werden kann. Die Bewegung kann mit einem Angriff und einer Sicherung aus dem Fechtsport oder Boxen verglichen werden: Der Verteidigungsstecher stellt den Angriff dar; die Sicherung des linken Fußes ist aber ebenfalls ein wesentlicher Bestandteil der Aktion. Die Bewegung kann bis zur Ballsicherung der verteidigenden Person beliebig oft wiederholt werden. Im Anfänger*innenbereich sollte ein „Stürzen" der Verteidiger*innen vermieden werden. Ebenso sollte darauf geachtet werden, dass die Bewegung des Schlägers gegen den Ball und nicht gegen den Schläger der angreifenden Person gerichtet wird, um ein Stockfoul zu vermeiden.

▶ **Tipp** Für Anfänger*innen kann der Fokus auf folgende wichtige individualtaktische Grundprinzipien bei der Anwendung von Techniken ohne Ballbesitz zusammengefasst werden:

- Aktion statt Reaktion: Kanalisieren der*des Gegenspielenden auf die eigene (stärkere) Vorhandseite; eigene Rückhandseite sichern
- Nach Ballgewinnung immer Ballsicherung; Folgehandlung in die Verteidigung mit einbeziehen
- Positionierung im Raum zwischen Ball und eigenem Tor (Hotline)
- Tiefe Körperposition, Flexibilität

5.3 Ballabgabe

Um das Miteinanderspielen im Feld- und Hallenhockey zu ermöglichen, kann der Ball zwischen den Mitspielenden gepasst werden. Zur Schulung der Ballabgabe sollte zunächst im Stand und ohne (Zweikampf-)Druck geübt werden. Erst wenn die Bewegungsausführung sicher ist, kann die Abgabe mit rollendem Ball und in Bewegung erfolgen. Zudem sollte der*die Spielende zunächst den Schiebepass in Frontal- und Seitstellung beherrschen, bevor anschließend Schlagtechniken im Feldhockey vermittelt werden. Eine Ausholbewegung in der Luft ist ausschließlich bei der Ausführung der Schlagtechniken im Feldhockey erlaubt. Im Hallen-hockey befindet sich der Schläger bei den Abspielmöglichkeiten immer bereits am Ball. Eine methodische Reihe, bei der Techniken aufeinander aufbauen, ist im Feldhockey die Schulung vom Schiebepass (keine Ausholbewegung) über den Schiebeschlag (Ausholbewegung auf Knie-/ Hüfthöhe) hin zum (Kurzgriff-)Schlag (Ausholbewegung bis Schulterhöhe). Die spezifischen Merkmale der einzelnen Techniken sind nachfolgend aufgeführt.

5.3.1 Basics

Der Schiebepass ist die Basistechnik zur Ballabgabe und darf sowohl im Hallen- als auch im Feldhockey angewandt werden. Der Ball befindet sich an der Schlägerkeule und wird durch die Bewegung des Schlägers in Spielrichtung abgespielt. Die Ballabgabe erfolgt auf Höhe des vorderen Fußes; das Gewicht wird nach vorne verlagert und die Keule zeigt nach der Ausholbewegung in die Richtung, in die der Ball gespielt werden soll (Tab. 5.4). Der Schiebepass kann dabei entweder mit dem linken (Abb. 5.19a–c) oder mit dem rechten Fuß vorne (Abb. 5.20a–c) gespielt werden. Es wird empfohlen, Anfänger*innen anzuweisen, dass Ball und Schläger möglichst auf dem Boden sind (siehe Kap. 4).

Tab. 5.4 Basistechnik Schiebepass

Ausgangsposition	• Schulterbreiter Stand • Linke Fußspitze zeigt in Spielrichtung • Knie leicht gebeugt • Linke Schulter zeigt in Spielrichtung
Schlägerhaltung	• Linke Hand Vorhandgriff (Griffbandende) • Rechte Hand ca. am Übergang von Griffband und Schlägerschaft • Ball liegt auf Höhe des hinteren Fußes • Schlägerkeule am Ball, neben dem Körper; 45°-Winkel des Schlägers zum Boden
Durchführung	• Ball wird in Spielrichtung gezogen • Gewichtsverlagerung vom hinteren auf das vordere Bein • Ball wird auf Höhe des vorderen Fußes gelöst • Schlägerkeule zeigt nach Ballabgabe in Spielrichtung

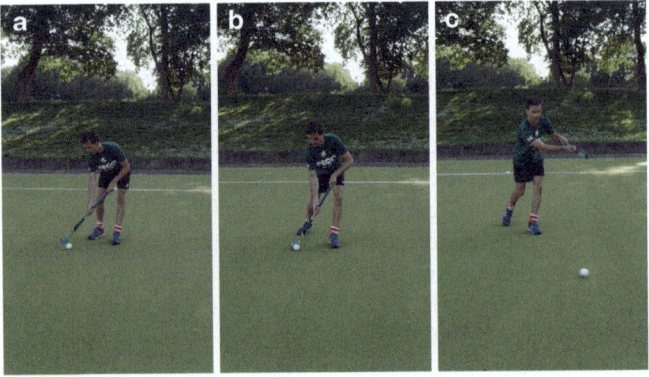

Abb. 5.19 a–c Basistechnik Schiebepass mit linkem Fuß vorne

Abb. 5.20 a–c Basistechnik Schiebepass mit rechtem Fuß vorne

Vorhandschieber frontal

Wird der Schiebepass frontal gespielt, ist lediglich die Ausgangsposition insofern verändert, dass die Füße und Schultern beide in Spielrichtung zeigen. Der Ball liegt vor dem Körper und muss dementsprechend druckvoll nach vorne abgegeben werden.

Rückhandschieber

Das Abspiel mit der Rückhand erfolgt, indem der Ball auf der linken Seite des Körpers liegt. Die Ausgangsposition kehrt sich entsprechend der veränderten Spielrichtung um (rechter Fuß und rechte Schulter in Spielrichtung). Die Hände fassen den Schläger wie bereits im Kapitel Ballführung beschrieben (siehe Abschn. 5.2); wichtig ist, dass der linke Unterarm in Verlängerung des Schlägers gehalten wird. Zur Durchführung wird der Ball wieder vom hinteren zum vorderen Bein gezogen und auf Höhe des rechten Beins gelöst, die Schlägerkeule zeigt nach der Ausschwungbewegung in die Richtung, in die der Ball gespielt wurde.

Schlag

Während die Ausholbewegung des Schiebepasses mit einer ständigen Ballberührung erfolgt, wird der Schlag in die drei Elemente Ausholbewegung, Treffpunkt des Balls und Ausschwung unterteilt. Schlagtechniken sind ausschließlich im Feldhockey erlaubt. Die Bewegung startet mit dem Schläger hinter dem Körper (Ausholbewegung). Der Schläger wird anschließend, bildlich gesehen wie ein U, knapp über dem Boden von hinten nach vorne geschwungen. Die Gewichtsverlagerung erfolgt vom hinteren auf das vordere Bein, sodass der Körper im Treffpunkt des Balls über dem Ball ist (im Vergleich Golf: Y-Bewegung und Ausholbewegung weiter oberhalb der Schultern). In der ersten und der letzten Phase sind die Handgelenke beweglich; im Treffpunkt sollten die Handgelenke fixiert sein, um die Kraftübertragung vom Schläger auf den Ball zu ermöglichen (Abb. 5.21a–d).

Abb. 5.21   a–d Schlag mit linkem Fuß vorne

▶   **Tipp** Biomechanischer Hintergrund: Es sollte eine stabile Standposition eingenommen werden. Die Rotation wird durch die Hüfte und den Oberkörper eingeleitet und die Energie der kinetischen Kette kann schließlich mithilfe des Schlägers auf den Ball übertragen werden.

Schlagtechnik I: Schiebeschlag (auch: Eishockeyschlag)
Der Schiebeschlag wird im Feldhockey zur Überwindung kürzerer Distanzen und insbesondere als Vorstufe zum (Kurzgriff-)Schlag angewandt. Es wird die gleiche Ausgangsposition wie beim Schieber eingenommen; die Schlägerhaltung ist ebenfalls identisch, allerdings befindet sich der Ball nun bereits auf Höhe des vorderen Fußes. Das Gewicht ist bereits nach vorne verlagert, die Ausholbewegung erfolgt bis auf Knie-/ Hüfthöhe. Anschließend wird, wie oben dargestellt, der Schläger wie ein U durchgeschwungen, das Gewicht bleibt vorne über dem Ball, die Schlägerspitze zeigt in Spielrichtung.

Schlagtechnik II: (Kurzgriff-)Schlag
Der (Kurzgriff-)Schlag wird im Feldhockey als Torschuss oder zur Überwindung weiterer Distanzen angewandt. Dieser Schlag wird in der Ausgangsposition identisch zum Schiebeschlag ausgeführt. Relevante Unterschiede sind, dass nun der Schlaggriff angewandt wird, d. h., dass beide Hände zusammen am Griffende (Schlag) oder eine Handbreit entfernt vom Griffende (Kurzgriffschlag) fassen. Die Aushol- und Ausschwungbewegung sind nun auf Schulterhöhe.

Schlagtechnik III: Schrubbschlag (auch: Schrubber)
Der Schrubbschlag wird im Feldhockey als Torschuss oder zur Überwindung weiterer Distanzen angewandt. Vorteil des Schrubbschlags im Gegensatz zum Schlag ist es, dass die Trefffläche vergrößert ist und dadurch die Trefferquote bei Hockeyanfänger*innen (und teilweise auch bei Fortgeschrittenen) im Vergleich zum Schlag um ein Vielfaches besser ist. Die Ausgangsposition ist bei dieser Schlag-

variante tiefer und der Ball liegt über eine halbe Schlägerlänge seitlich entfernt auf Höhe des vorderen Fußes (Abb. 5.22a). Die Ausholbewegung erfolgt durch ein „Schrubben" über den Platz; der Treffpunkt ist auf Höhe des vorderen Fußes mit dem Schlägerschaft (Abb. 5.22b, c). Der Ausschwung erfolgt ebenfalls (nahezu) über den Boden (Abb. 5.22d). Bei dieser Technik ist die Fixierung der Handgelenke im Treffpunkt sowie die Führung der Bewegung durch den linken Ellbogen von besonderer Relevanz.

Schlagtechnik IV: Schlagen mit der (hohen) Rückhand
Alle Techniken können auch mit der Rückhand ausgeführt werden; das beinhaltet jedoch komplexe koordinativ-technische Fertigkeiten und Fähigkeiten. Im Gegensatz zum Vorhandschlag befindet sich der Ball auf Höhe des rechten (vorderen) Fußes links neben dem Körper. Die rechte Schulter zeigt in Spielrichtung; der Schläger wird mithilfe des Schlaggriffs gehalten (Abb. 5.23a–c). Die Aushol-

Abb. 5.22 a–d Schrubbschlag

Abb. 5.23 a–c Ausholbewegung und Treffpunkt hohe Rückhand

Abb. 5.24 a–d Ausholbewegung   und   Treffpunkt   Argentinische   Rückhand   URL: ▸
https://doi.org/10.1007/000-bn8

bewegung erfolgt durch eine Rotation des Oberkörpers nach links; Treffpunkt des
Balls ist auf Höhe des vorderen Fußes und nach dem Ausschwung zeigt der Schläger in Passrichtung.

Schlagtechnik V: Argentinische Rückhand

Die Argentinische Rückhand wird auch als Rückhand-Kanten-Schlag bezeichnet
und eignet sich insbesondere für den Torschuss. Die Ausgangsstellung ist identisch
mit dem Rückhandschlag, mit der einzigen Ausnahme, dass der Ball auf Höhe des
vorderen Fußes, aber weiter vom Körper entfernt liegt. Die rechte Schulter zeigt in
Spielrichtung und die Hände sind wieder im Schlaggriff. Der Schläger wird in der
Ausholbewegung mithilfe des linken Ellbogens in einer U-Form oder Schleife von
hinten nach vorne geschwungen. Wichtig ist, dass der Schläger bereits vor Treffpunkt des Balls parallel zum Boden ist. Die flache Seite des Schlägers zeigt dabei
nach oben und der Oberkörper sollte auch hier wieder in tiefer Position über dem
Ball bleiben (Abb. 5.24a–d). Durch die Beschleunigung von Hüfte und Körpermitte
von links nach rechts kann die kinetische Energie auf den Ball übertragen werden.

Werden Aushol- und Ausschwungbewegungen wie beim Schrubbschlag über
den Boden ausgeführt, kann diese Schlagvariante auch gut als Ballabgabe-Technik
auf dem Feld genutzt werden. Es muss berücksichtigt werden, dass der Treffpunkt
auch beim Schrubbschlag mit der Rückhand mit der Kante und nicht mit der run-
den Seite erfolgt.

Beispiel

Es konnte durch eine wissenschaftliche Untersuchung das biomechanische Profil einer Argentinischen Rückhand aufgezeigt werden. Hierbei war erkennbar,
dass die Durchführung interindividuell stark variieren kann (Höhe des Körperschwerpunkts und der Ausfallschrittbewegung). Für weitere Information siehe
Bahrtek (1999). ◂

Tab. 5.5 Alleinstellungsmerkmale und bevorzugte Anwendungsgebiete der Schlagtechniken

	Alleinstellungsmerkmale Ausführung	Anwendung
Schiebeschlag	• Hände auseinander • Ausholbewegung bis Knie-/Hüfthöhe • Treffpunkt mit Keule	vor allem Pass
(Kurzgriff-)Schlag	• Hände im Schlaggriff • Ausholbewegung bis Schulterhöhe • Treffpunkt mit Keule	Pass & Torschuss
Schrubbschlag	• Hände im Schlaggriff • Ausholbewegung über den Boden • Treffpunkt mit Schlägerschaft	vor allem Pass
Schlagen mit der Rückhand	• Hände im Schlaggriff • Ausholbewegung bis Schulterhöhe • Treffpunkt mit Keule	vor allem Torschuss
Argentinische Rückhand	• Hände im Schlaggriff • Ausholbewegung bis Schulterhöhe • Treffpunkt mit Schlägerinnenkante	vor allem Torschuss

Ein Überblick über die dargestellten Schlagtechniken und die bevorzugten Anwendungsgebiete ist in Tab 5.5 aufgeführt.

Einfache methodische Reihe

Lernziele	Erlernen der Ballabgabe vom Einfachen zum Komplexen (Tipp: Starte alle Übungen mit der Technik Schieber, vgl. Abschn. 5.3.1)
Zeitlicher Rahmen	15 min (Tipp: die Level können als Einstieg über mehrere Wochen genutzt werden)
Schwierigkeitslevel	1 2 3 4 5
Anzahl Spieler*innen	2–5 Teilnehmende pro Übung je nach Level (s. u.)
Spielfeld	Hallenhälfte (quer), Grundlinie & Viertellinie (Feldhockey)
Material	• 1 Schläger pro Spieler*in • 1 Ball pro Paar/Gruppe • 4+1 Hütchen für Level V, Aufbau siehe Abb 5.25 und 5.26
Übungs- und Spielbeschreibung	Die Spielenden passen sich zu zweit (Level 1, 2), zu viert (Level 3, 4, Abb 5.25) oder zu fünft (Level 5) den Ball zu. Für Level 4 gilt, dass nach dem Pass die Position gewechselt wird (Abb 5.26). In Level 5 wird der Ball nach links gepasst und nach rechts gewechselt.

Möglichkeiten der Differenzierung	Level 1: Passen im Stand Level 5: Passen diagonal (zum Beispiel Wettwanderball) Level 3: Passen im Viereck (zwei Kontakte!) (a) Mit dem Uhrzeigersinn (b) Gegen den Uhrzeigersinn Level 4: Passen aus der Bewegung gradlinig; nach dem Pass wechselt der*die Ballabgebende die Position („Ball hinterherlaufen") Level 5: Passen mit Kurvenlauf (a) Rechts passen, links laufen (b) Rechts mit der VH passen, links laufen

Einfache methodische Reihe (Level I-IV)

Techniken
Vom Schieben zum Schlagen

Legende
△ Hütchen
✖ Spieler*in
● Ball
——→ Passweg
·······→ Laufweg

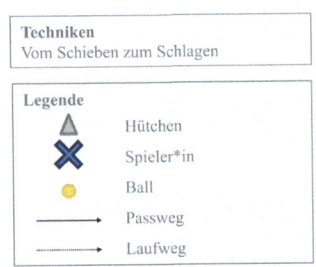
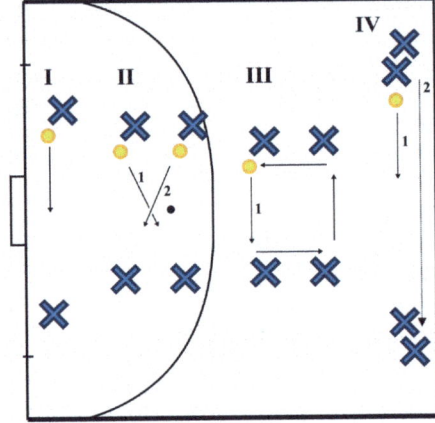

Abb. 5.25 Einfache methodische Reihe zum Erlernen der Ballabgabe (Level 1–4)

Einfache methodische Reihe (Level V)

Anweisung
„Nach links passen, nach rechts laufen"
Schwieriger: „Nach rechts passen, nach links laufen"

Legende
△ Hütchen
✖ Spieler*in
● Ball
∿∿∿ Dribbelweg
——→ Passweg
·······→ Laufweg

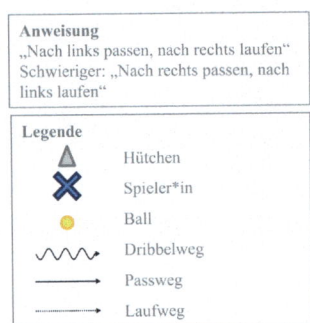

Abb. 5.26 Einfache methodische Reihe zum Erlernen der Ballabgabe (Level 5)

Treffe das Ziel

Lernziele	Erlernen der Ballabgabe mit Fokus auf Verbesserung der Präzision (Tipp: Starte alle Übungen mit der Technik Schieber, vgl. Abschn. 5.3.1)
Zeitlicher Rahmen	15 min
Schwierigkeitslevel		1	2	3	4	5	
Anzahl Spieler*innen	Mind. 2 Teilnehmende
Spielfeld	Hallenhälfte (quer), Grundlinie & Viertellinie (Feldhockey) 3 m große Hütchentore sind mittig (nach ca. 10 m aufgebaut, Abb 5.27)
Material	• 1 Schläger pro Spieler*in • 1 Hockeyball pro Paar/Gruppe • 1 Pezziball oder Softball • 2 Pylonen
Übungs- und Spiel-beschreibung	Die Spielenden stehen einen Meter von dem Hütchentor entfernt und passen sich den Ball durch das Hütchentor zu. Ist der Pass und Rückpass erfolgreich, wird der Abstand zum Tor auf beiden Seiten durch einen großen Schritt nach hinten vergrößert. Wettkampfform: Das Team, dass zuerst das Ende des Spielfelds auf beiden Seiten erreicht, gewinnt das Spiel.
Möglichkeiten der Differenzierung	Level 1: Es wird auf beiden Seiten ein Abstand von ca. 5–10 m zu einem Hütchen eingenommen. Ziel ist es, das in der Mitte stehende Hütchen (= statisches Ziel) mit dem Ball zu treffen, sodass sich dieses in die entgegengesetzte Richtung bewegt (Abb. 5.27). Level 2: Steigerung der Anforderungen Präzision auf ein bewegliches Ziel (Abb 5.27) Die Spieler*innen starten auf der gleichen Seite des Spielfeldes. Ein*e Spieler*in spielt den Pezziball (bewegliches Ziel, leicht) oder Softball (bewegliches Ziel, schwer). Nach ca. 3 s versucht der*die zweite Spieler*in den großen Ball mit dem Hockeyball zu treffen.

Treffe das Ziel!

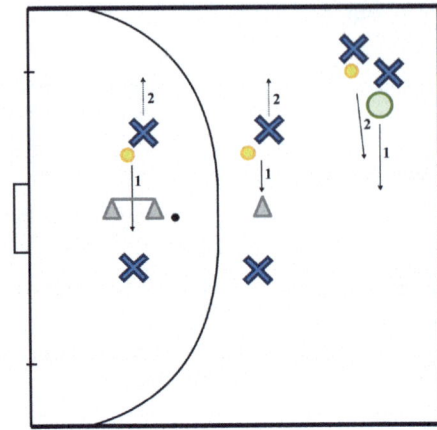

Abb. 5.27   Treffe das Ziel

Spielform Zonenhockey

Lernziele	Spielerisches Erlernen von Schlagtechniken bei Erlernen des positionsspezifischen Spiels im Hockey
Zeitlicher Rahmen	10–15 min pro Level
Schwierigkeitslevel	**1** **2** 3 4 5
Anzahl Spieler*innen	Mind. 2 × 4 Teilnehmende, Empfehlung: 2 × 5 Teilnehmende
Spielfeld	Hallen-Spielfeld oder Viertel eines Kleinfeldes (längs), Einteilung in vier Quer-Zonen (Abb 5.28) – Schwierigkeitssteigerung durch Vergrößerung des Spielfeldes möglich
Material	• 1 Schläger pro Spieler*in • 3 Hockeybälle • 4 × 4 Markierungen für die vier Querzonen
Übungs- und Spielbeschreibung	Ziel ist es, Tore durch Spielen des Balls hinter die Grundlinie zu erzielen und gleichzeitig Tore zu verteidigen. Die Aufteilung eines Teams in die vier Zonen ist (von Zone I zu Zone IV) 2-0-3-0 (Tore hinter Zone IV). Die Zonen dürfen bei dem ersten Level nicht verlassen werden. Das gegnerische Team wird spiegelverkehrt auf die Zonen verteilt (0-3-0-2, Tore hinter Zone I, Abb. 5.28).

Möglichkeiten der Differenzierung	Level 1: Die Teams dürfen ihre eigenen Zonen selbstständig durchwechseln. Wird die gegnerische Zone durchlaufen, darf weder ein Ball mit- noch abgenommen werden (= keine Zweikämpfe, Abb 5.29). Level 2: Es darf jeweils eine gegenspielende Person in Zone II bzw. Zone III stören. Level 3 unter höher: Die Zonen werden stufenweise geöffnet bis das Zielspiel erreicht wird (Abb 5.30).

Zonenhockey

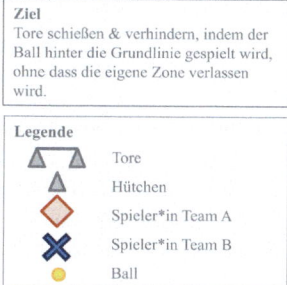

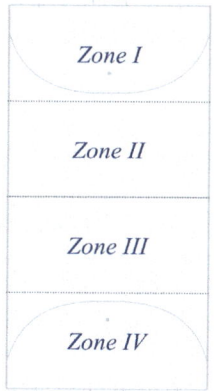

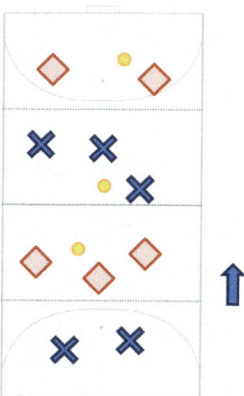

Abb. 5.28 Zonenhockey (Grundaufstellung)

ZH – Level I

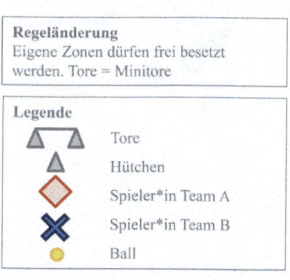

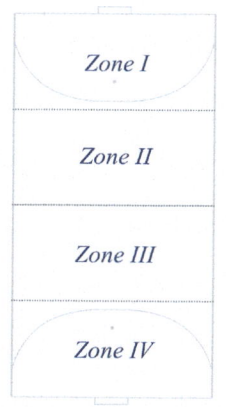

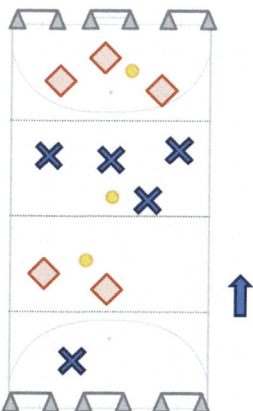

Abb. 5.29 Zonenhockey (Level 1)

ZH – Level II

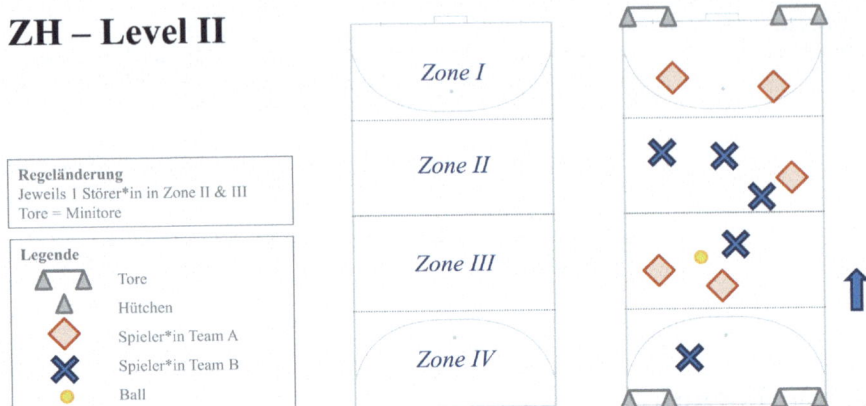

Regeländerung
Jeweils 1 Störer*in in Zone II & III
Tore = Minitore

Legende

Tore	
Hütchen	
Spieler*in Team A	
Spieler*in Team B	
Ball	

Zone I

Zone II

Zone III

Zone IV

Abb. 5.30 Zonenhockey (Level 2)

5.3.2   Advanced (hohe Bälle)

Eine hohe Ballabgabe ist lediglich im Feldhockey und unter Ausschluss einer Gefährdung der Mit- und Gegenspielenden erlaubt. Man differenziert den Flach-schlenzer (kurze Distanz, Kniehöhe), den Feldschlenzer (hohe Distanz, über Kopfhöhe) sowie den hohen Schlag aufs Tor. Insbesondere der Feldschlenzer wird aufgrund der Komplexität überwiegend im Leistungshockey angewandt. Schlagen von hohen Bällen wird im Kapitel Torschuss näher erläutert (Abschn. 5.3.1).

Abb. 5.31 Kippung des
Schlägers für den Schlenzer

Die Bewegungsdurchführung des Schlenzballs ähnelt in den Vorbereitungen stark einem Schieber und einem Schlag in seitlicher Ausgangsstellung. Der Ball liegt in etwa auf Höhe des vorderen Fußes; die Schlägerkeule steht im 45°-Winkel zum Boden. Während der Bewegungsausführung wird das Körpergewicht vom hinteren auf das vordere Bein von hinten unten nach vorne oben verlagert. Die relevanteste Bewegung ist nun eine Kippung des Schlägers: Dabei sollte der Schläger nicht einfach um die eigene Längsachse gedreht werden (= Rotation der Handgelenke), sondern durch einen Impuls der linken Hand zum rechten Ellbogen geöffnet werden. Die korrekte Neigung ist in Abb. 5.31 dargestellt.

Zur Einführung des (Flach-)Schlenzers können die Lernschritte der Übung im Stand, mit ruhendem Ball aus der Bewegung und mit rollendem Ball empfohlen werden. Anschließend können Bälle aus dem Lauf und mit dem rechten Fuß vorne (Druckpass) geübt werden. Zudem ist es ratsam, dass die Bälle zunächst in einen leeren Raum gespielt werden, bevor Mitspieler*innen versuchen, den hüpfenden Ball sicher anzunehmen (siehe Abschn. 5.4.2).

5.3.3 Torschuss

Ein Hockeyspiel wird im Schusskreis entschieden: Das Team, das erfolgreich Tore schießt und abwehrt, entscheidet das Spiel für sich. Dabei muss ein Torschuss häufig auf engstem Raum mit guter Vororientierung und Ausgangsposition erfolgen. Außerdem erfordert ein erfolgreicher Torschuss im Hockey eine gute Beinarbeit, Technik und eine schnelle Ballverarbeitung. Zudem erhält der Rebound, also der zweite Torschuss nach Abwehr durch den*die Torhüter*in oder den*die Verteidiger*in, eine besondere Bedeutung. Die Unterscheidung zwischen direktem und indirektem Torschuss beschreibt, dass der Ball durch eine Ballabgabetechnik direkt aufs Tor gebracht wird, oder dass der Ball alternativ von Spieler*innen indirekt Richtung Tor abgelenkt wird.

Beispiel

Mithilfe von Statistiken kann beobachtet werden, welche Effizienz bei Strafeckenangriffen realisiert werden konnte und in welche Bereiche des Tores die meisten Bälle erfolgreich geschossen werden.

So konnte bei den Olympischen Spielen (Rio de Janeiro, 2016) erfasst werden, dass die Torschusseffizienz bei Strafecken bei ca. 25 % bei den Herren und ca. 18 % bei den Damen liegt (Vizcaya 2016). Das bedeutet, dass im Herrenbereich jede vierte Strafecke, im Damenbereich ungefähr jede fünfte Ecke ein gültiges Tor hervorbringt.

Zudem wurde gezeigt, dass 75 % aller Feldtore bei der Weltmeisterschaft der Herren (Bubaneshwar 2018) im untersten Drittel des Tores fielen. 53 % aller Feldtore fielen in der sogenannten Box vor dem Tor, welche sich als Rechteck vor dem Tor bis zum 7 m (Länge) beschreiben lässt (DHB Bildung O. A.). ◄

Direkter Torschuss. Innerhalb des Schusskreises darf der Ball sowohl in der Halle als auch auf dem Feld hoch aufs Tor gespielt werden. Als hoher Torschuss wird in der Halle ausschließlich der Schlenzball angewandt; im Feldhockey sind hingegen ebenfalls Schlagvarianten erlaubt. Es ist jedoch zu berücksichtigen, dass kein*e Mit- oder Gegenspieler*in gefährdet wird und dass es Sonderregelungen für die Ausführung von Strafecken gibt. So gilt im Feldhockey, dass ein Ball bei einer Strafecke lediglich mit einem Schlenzball ins Tornetz gespielt werden darf. Beim Schlagen darf der Ball hingegen die Bretthöhe des Tores (46 cm) nicht übertreffen. Auch wenn Techniken nicht ausschließlich *entweder* für den Torschuss *oder* für Ballabgaben im Feld genutzt werden, so haben Torschüsse einige Besonderheiten.

Exemplarisch werden die zwei Techniken Schlagen hoher Bälle und Eckenschlenzer dargestellt, die für einen hoch gespielten Torschuss auf dem Feld genutzt werden können. Grundsätzlich sind jedoch alle Ballabgabetechniken für Torschüsse anwendbar. Für den Vorhandschlag mit hohem Ball aufs Tor werden folgende Veränderungen im Vergleich zum flachen Schlag mit der Vorhand vorgenommen:

Um den Ball hoch zu spielen, muss der Schlägerwinkel identisch zum Feldschlenzer leicht geöffnet werden. Hierbei ist wichtig, dass der Neigungswinkel durch eine Kippung (keine Rotation!) des Schlägers umgesetzt wird. Dies erfolgt zum einen, indem der Ball leicht nach vorne versetzt wird. Der Treffpunkt kann beispielsweise auf Höhe des vorderen Außenfußes erfolgen. Zum anderen wird das linke Handgelenk mehr gebeugt und das rechte Handgelenk mehr gestreckt, sodass eine Verlagerung beider Handgelenke nach rechts erfolgt (Abb. 5.32a–c). Wird der Ball mit einem geöffneten Schläger durch Rotation getroffen, fliegt der Ball häufig in einer Parabelkurve und es kann kein starker Schuss Richtung Tor produziert werden. Identisch mit dem flachen Schlag sollte der Oberkörper beim Schlag über dem Ball bleiben.

Der Eckenschlenzer Richtung Tor wird, wie der Name bereits verdeutlicht, als Torschussvariante bei Strafecken angewandt. Aufgrund der technisch-taktischen

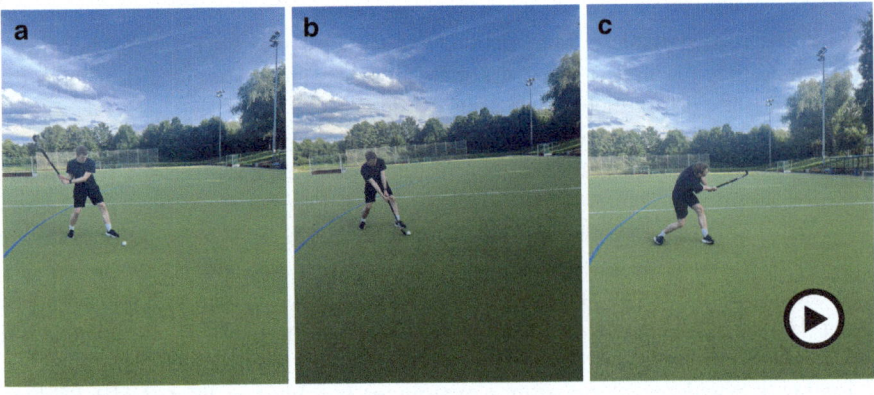

Abb. 5.32 a–c Schlag hoch als Torschuss URL: ▸ https://doi.org/10.1007/000-bn9

Möglichkeiten bei der Durchführung einer Strafecke (siehe Abschn. 6.3.3) kann der Ball angelaufen und anschließend durch eine Zugbewegung und starke Rotation des Oberkörpers von hinten unten nach vorne oben gezogen werden. Es können vier Phasen zur Durchführung eines Schlenzballs bei einer Strafecke differenziert werden (Haumann 2015):

I. Anlauf
II. Überholen
III. Ballbeschleunigung
IV. Katapult

Der Ball wird unmittelbar außerhalb des Schusskreises an der Linie des Schusskreises gestoppt. Das erfolgt meistens durch die Position Stopper. Phase I zeichnet sich dadurch aus, dass der*die Spieler*in, welche*r den Ball in Richtung Tor schießen soll (Position Schütze), mit ca. einer Schlägerlänge Abstand und im 45°-Winkel zum Ball startet und in die Richtung des Balls anläuft. Der Ball wird noch nicht bewegt. Anschließend wird der ruhende Ball durch Anstellen oder Überkreuzen der Beine seitlich überholt (Phase 2, Abb. 5.33a–c). Die Schlägerkeule bleibt am Ball; die linke Hand wird Richtung rechten Ellbogen positioniert und der Ball wird immer noch nicht bewegt. Der linke Fuß setzt in einem weiten Ausfallschritt Richtung Tor auf und der Oberkörper befindet sich in einer extremen Rotation nach rechts (hinten). Schließlich wird der Ball mit einer Zugbewegung schnellkräftig von hinten nach vorne gezogen (Phase 3). Durch die explosive Rotation von Hüfte und Oberkörper wird der Ball schließlich in der letzten Phase 4 katapultartig von unten nach oben Richtung Tor geschleudert; die Schlägerkeule zeigt schließlich in Spielrichtung. Im Leistungssport spielt dabei eine besondere Rolle, dass der Oberkörper tief nach unten geneigt ist und der Ausfallschritt weit gefasst wird (Lòpez de Subijana et al. 2011). Durch die explosive Rotation von Oberkörper, Hüfte und Beinen kann die kinetische Energie auf den Schläger und

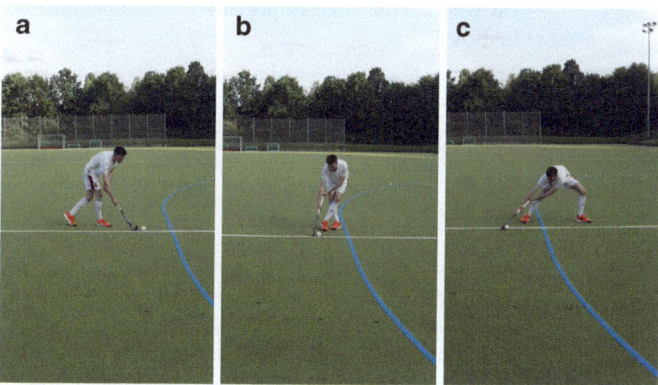

Abb. 5.33 a–c Anlaufbewegung Schlenzer URL: ▸ https://doi.org/10.1007/000-bna

schließlich den Ball übertragen werden. Weiterführende Hinweise zu den einzelnen Phasen und möglichen Lernschritten sind in Haumann (2015) zu finden.

Indirekter Torschuss. Indirekte Torschüsse erfolgen zum einen, wenn der Ball durch den*die Torhüter*in abgefangen wird. Durch die Abwehr der verteidigenden Mannschaft wird ein zweiter oder dritter Torschuss, meistens innerhalb der Box, ausgeführt. Dieser sogenannte Rebound kann ein effektives Mittel sein, um den Ball innerhalb kürzester Zeit Richtung Tor zu spielen.

Gleichzeitig können Bälle über Mitspieler*innen ins Tor abgelenkt werden. Beim *Blocken* nimmt der*die Spieler*in eine tiefe Körperposition, im Idealfall im 90°-Winkel, zum Tor ein und lässt den Ball über die flache Seite des Schlägers ins Tor abspringen. Das *Stechen* zeichnet sich dadurch aus, dass der Ball mit der Schlägeraußenkante hoch ins Tor abgefälscht wird. Dafür liegt der Schläger mit der flachen Seite auf dem Boden auf. Beide Techniken erfordern ein hohes Maß an komplexen koordinativ-technischen Fähigkeiten. Die Durchführung macht zudem das Anspiel mit einem schnell beschleunigten Ball notwendig; wird der Ball zu langsam gespielt, kann dieser nicht vom Schläger abspringen.

Torschuss aus allen Positionen

Lernziele	Erlernen der Torschussqualität aus wechselnden Positionen (Tipp: Übe Torschüsse zunächst ohne Gegnerdruck und mit einem statischen Hindernis als Torhüter*in, damit die Sicherheit gewährleistet ist. Bälle werden nur gemeinsam eingesammelt.)
Zeitlicher Rahmen	10 min
Schwierigkeitslevel	1 2 **3** 4 5
Anzahl Spieler*innen	Mind. 4 Teilnehmende, Empfehlung: ca. 6–8 Teilnehmende
Spielfeld	Schusskreis (Feldhockey); zwei Tore gegenüberstehend (Grundlinie & Schusskreisrand, Abb. 5.34)
Material	• 1 Schläger pro Spieler*in • Hockeybälle (bei der Lehrperson) • Leibchen
Übungs- und Spielbeschreibung	Die Spielenden stellen sich im Team jeweils auf die gedachte Seitenlinie zwischen die beiden Tore. Innerhalb des Teams werden Zahlen (z. B. 1,2) an die Spielenden verteilt. Die Lehrperson wirft den Ball ein und ruft eine Zahl – die zwei Spielenden spielen ein 1 vs. 1 aus und versuchen aus allen Positionen den Ball aufs Tor zu schießen.
Möglichkeiten der Differenzierung	Falls die Ballkontrolle der Spieler*innen bereits fortgeschritten ist, können die Bälle leicht hoppelnd eingeworfen werden (Achtung: Baseballschläge sind nicht erlaubt). Anstelle einer Zahl wird eine Rechenaufgabe aufgegeben; die Lösung der Rechnung ist dann die jeweilige Zahl, die gegeneinander spielen soll.

Torschuss aus allen Positionen

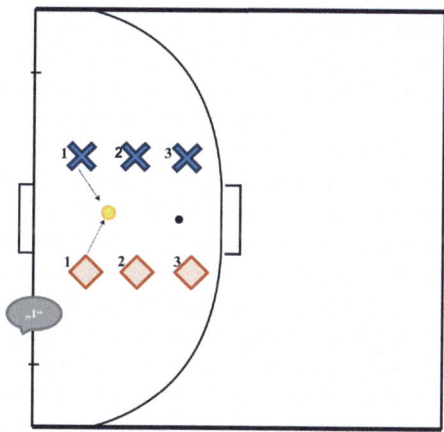

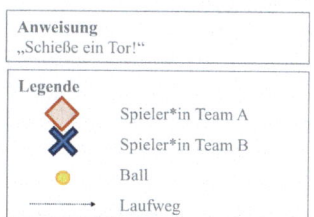

Anweisung
„Schieße ein Tor!"

Legende
◇ Spieler*in Team A
✕ Spieler*in Team B
● Ball
------→ Laufweg

Abb. 5.34 Torschuss aus allen Positionen (Grundaufstellung)

Wandball

Lernziele	Erlernen der Schussgenauigkeit mit rollendem Ball (spezifisch: Schulung der Fußarbeit und Körperausrichtung zum Ball)
Zeitlicher Rahmen	10 min
Schwierigkeitslevel	1 | **2** | 3 | 4 | 5
Anzahl Spieler*innen	Beliebig; Empfehlung ca. 3–5 Teilnehmende pro Tor
Spielfeld	Schusskreis
Material	• 1 Schläger pro Spieler*in • 1 Ball pro Gruppe
Übungs- und Spiel-beschreibung	Die Spielenden legen eine Reihenfolge fest. Ziel ist es, dass der Ball Richtung Tor gespielt wird und nach jedem Torkontakt wieder aus dem Tor herauskommt. Der*die erste Spieler*in beginnt, denn Ball vom 7 m-Punkt Richtung Torwand zu spielen. Der*die folgende Spieler*in schießt anschließend den Ball wieder aufs Tor, ohne diesen im Schusskreis anzuhalten (Abb. 5.35). Rollt der Ball aus dem Schusskreis raus, darf dieser auf die Schusskreislinie gelegt werden und wird von dort aus wieder Richtung Tor geschossen.
Möglichkeiten der Dif-ferenzierung	Level 1: Es dürfen ausschließlich Schlagtechniken genutzt werden. Level 2: Bälle dürfen auch hoch ins Netz gespielt werden, solange der Ball wieder aus dem Tor rauskommt.

Wandball

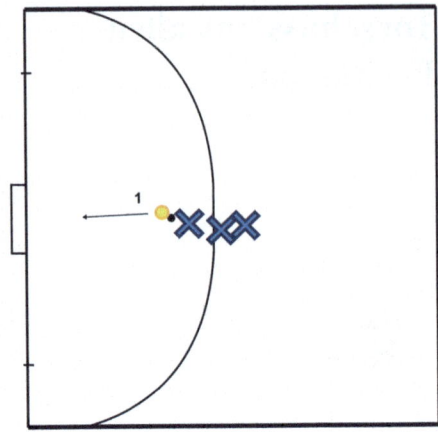

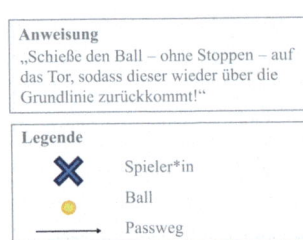

Anweisung
„Schieße den Ball – ohne Stoppen – auf das Tor, sodass dieser wieder über die Grundlinie zurückkommt!"

Legende

✖   Spieler*in

●   Ball

⟶   Passweg

Abb. 5.35 Wandball (Grundaufstellung)

5.4   Ballannahme

Identisch zur Ballabgabe wird der Ball während der Annahme mit der flachen Seite des Schlägers und der Schlägerkeule und/ oder dem Schlägerschaft durchgeführt. Da im Feldhockey hoppelnde – ungefährliche – Bälle bis Kniehöhe erlaubt sind, wird hierbei die Ballannahme mit einer (hohen) Vor- oder Rückhand empfohlen. Im Hallenhockey wird der Ball überwiegend mit dem flach auf dem Boden aufgelegten Schläger gestoppt; diese Variante wird auch als tiefe Vorhand/ Rückhand oder als Vorhandbrett/ Rückhandbrett bezeichnet. Wichtig ist in jedem Fall, dass der Schläger leicht nach vorne geneigt ist und dadurch ein Dach über dem Ball gebildet wird. Ist der Schläger als Rampe aufgestellt, kann dies zu Verletzungen führen und sollte daher nur von erfahrenen Spieler*innen, beispielsweise in Torschusssituationen auf dem Feld angewandt werden (siehe Verteidigungsstecher, Abschn. 5.2.3).

▶   Für alle Ballannahmen gilt: Schläger wird leicht nach vorne gekippt, sodass der Schläger als Dach genutzt wird (im Gegensatz zur Rampe).

▶   **Tipp** Wird die Ballannahme geübt, ist es empfehlenswert, diese Übung in Kombination mit der Ballabgabe zu trainieren. Dabei kann durch die Ballannahme bereits die ideale Position des Balls zur Abgabe vorbereitet werden und erfordert die Fähigkeit zur Vororientierung. Dies wird dann als dynamische Ballannahme beschrieben.

Tab. 5.6 Bewegungsmerkmale Ballannahme Vorhand

Ausgangsposition	• Stabiler Stand • Knie leicht gebeugt • Seitlich oder frontal ausgerichtet; je nach Folgehandlung
Schlägerhaltung	• Linke Hand Vorhandgriff (Griffbandende) • Rechte Hand ca. am Übergang von Griffband und Schlägerschaft • Ball kann vor oder neben dem Körper angenommen werden • Schlägerkeule steht aufrecht vor den Schienbeinen (hoppelnde Bälle) oder wird im 45°-Winkel neben dem Körper aufgestellt

5.4.1 Basics

Annahme mit der Vorhand

Die grundlegende Technik zur Annahme eines Balls ist das Stoppen des Balls mit der Vorhand vor oder rechts neben dem Körper. Die wichtigsten Bewegungsmerkmale sind in nachfolgender Tab. 5.6 dargestellt.

Der Unterschied zwischen der hohen (Abb. 5.36a) und tiefen Vorhand (Abb. 5.36b, c) besteht dabei darin, dass bei Letzterer der Schläger mit dem Schlägerschaft auf dem Boden aufliegt und der Körper weit nach unten gebeugt ist. Der Ball kann dadurch mit der Schlägerkeule oder mit dem Schlägerschaft angehalten werden. Das Tragen eines Handschuhs wird dabei explizit empfohlen, da die Hand auf dem Boden aufliegt.

Annahme mit der Rückhand

Soll der Ball mit der Rückhand gestoppt werden, rotiert der Oberkörper auf die linke Seite. Bei der hohen Rückhand ist der Ellbogen in Verlängerung des Schlägers und der Ball wird auf Höhe des linken (hinteren) Fußes oder sogar hinter dem Fuß mit der Keule gestoppt (Tab. 5.7, Abb. 5.37a, b).

Abb. 5.36 a–c Ballannahme mit der hohen (a) und mit der tiefen Vorhand (b, c)

Tab. 5.7 Bewegungsmerkmale Ballannahme Rückhand

Ausgangsposition	• Stabiler Stand • Knie leicht gebeugt • Seitlich ausgerichtet
Schlägerhaltung	• Linke Hand im Drehgriff (Griffbandende) • Rechte Hand ca. am Übergang von Griffband und Schlägerschaft • Ball wird neben dem Körper angenommen • Schläger ist auf der linken Seite des Körpers; Ballannahme auf Höhe des hinteren Fußes oder hinter dem linken Fuß • Oftmals ist es hilfreich, wenn der Ball mit der Schlägerkeule begleitet wird, sobald sich dieser auf Höhe des rechten Fußes befindet • Die Ballannahme mit der tiefen Rückhand fällt vielen Spielanfänger*innen leichter

Abb. 5.37 a–d Ballannahme mit der hohen (a, b) und mit der tiefen Rückhand (c, d)

Zum Stoppen des Balls mit der tiefen Rückhand wird der Ball auf der linken Seite des Körpers angenommen. Das bedeutet, dass der Ball wieder mit der Schlägerkeule oder besser noch mit dem Schlägerschaft gestoppt wird; der Schläger liegt mit der Keule und dem Griffband auf dem Boden auf und die Hand berührt im Idealfall den Boden. Sollte der Ball durch den Schläger hindurchrollen, muss der Schläger mehr wie ein Dach nach vorne geneigt werden (Tab. 5.7, Abb. 5.37c, d).

▶ **Tipp** Das Stoppen des Balls mit der hohen Rückhand ist koordinativ sehr anspruchsvoll. Tipps zur Verbesserung können sein:

- „Ziele mit der Schlägerkeule zum Ball; begleite den Ball anschließend, bis dieser auf Höhe des hinteren Fußes gestoppt werden kann!" (Abb. 5.38a–c)
- „Richte deinen Fokus auf den Ball und nicht auf den Schläger!"
  Im Anfänger*innenbereich kann zunächst das Stoppen mit der tiefen Rückhand dem Stoppen mit der hohen Rückhand vorgezogen werden.

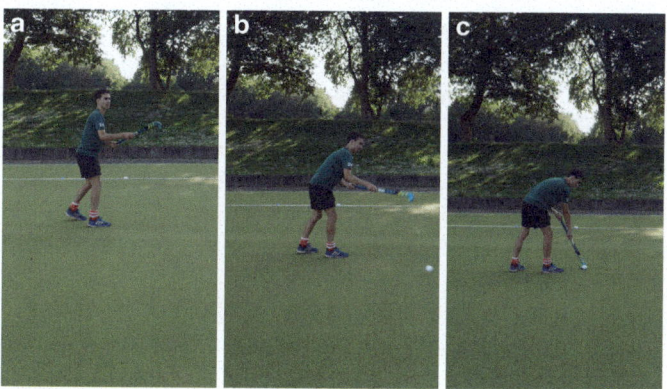

Abb. 5.38 **a–c** Ballannahme mit der hohen Rückhand mit Schlägerbegleitung

5.4.2 Advanced (hohe Bälle)

Die Annahme hoher Bälle, wie beispielsweise von Feld- oder Flachschlenzern, erfordert ein hohes Maß an Ballgefühl und Ballkontrolle und sollte daher nur mit genügend Abstand zu anderen Spieler*innen geübt werden. Es ist zu berücksichtigen, dass das Spiel von hohen Bällen nur dann umgesetzt werden darf, wenn die Gefährdung von Mit- und Gegenspielenden ausgeschlossen werden kann. Als methodische Reihe kann z. B. empfohlen werden, dass zunächst Tennisbälle zugeworfen werden. Bei sicherer Annahme kann anschließend ein Hockeyball zunächst flach und anschließend immer höher zugeworfen und schließlich zugepasst werden. Zuspiele auf den Körper sollten in jedem Fall vermieden werden.

Um zunächst hoppelnde Bälle bis Kniehöhe anzunehmen, wird der Schläger senkrecht zum Boden aufgestellt und mit der flachen Schlägerfläche nach vorne ausgerichtet. Der Schläger steht dabei vor dem Körper und wird zu einem Dach nach vorne geneigt. Dadurch ist gewährleistet, dass zum einen der komplette Schlägerschaft zur Ballannahme genutzt werden kann. Zum anderen kann aufgrund der Position hinter dem Schläger/ Ball eine hohe Ballkontrolle und Stabilität des Körpers zum Stoppen des Balls realisiert werden.

Zur Annahme von Bällen, die über Kniehöhe angenommen werden müssen, wird der Schläger seitlich gehalten. Auch hier erfolgt die Ballannahme zumeist mit dem Schlägerschaft. Es muss darauf geachtet werden, dass der Ball nicht über dem Kopf angenommen wird, da dieser sonst auf den*die Ballannehmenden abgelenkt werden könnte. Wichtig ist, dass der Ball nach Berühren des Schlägers nach unten abprallt, um keine Spieler*innen zu gefährden. Ein Schlagen des Balls als sogenannter Baseballschlag ist dementsprechend nicht erlaubt.

Vom Ballspiel zum Hockeytennis

Lernziele	Sicherheit in der Annahme von hohen Bällen gewinnen
Zeitlicher Rahmen	10 min
Schwierigkeitslevel	1 | **2** | 3 | 4 | 5
Anzahl Spieler*innen	Mind. 2 Teilnehmende
Spielfeld	Feldhockey; ca. 3 × 6 m mit einer mittleren Trennungslinie zwischen den 3 × 3 Feldern (z. B. Stange)
Material	• 1 Hockeyball • 1 Schläger pro Spieler*in • 1 großer Softball • 1 kleiner Softball • 6 kleine Hütchen zur Markierung des Feldes • 1 Stange als mittlere Trennungslinie
Übungs- und Spielbeschreibung	Die Spielenden stehen sich in ihren 3 × 3 Feldern gegenüber. Alle Übungen werden zunächst mit Softbällen, dann mit Hockeybällen ausgeführt. Der Ball soll über die Stange in das gegnerische Minifeld gespielt werden. Level 1: Zunächst wird der Ball durch ein*e Spieler*in angeworfen, sodass dieser auf der gegenüberliegenden Seite einmal aufkommt. Der*die Annehmende stoppt den Ball mit dem Schläger. Level 2: Wie Level 1 Das Anspiel erfolgt nun durch ein*e Spieler*in mit Schläger Level 3: Wie Level 2 Nach dem Anspiel erfolgt ein Rückspiel durch den*die Annehmer*in Level 4: Die Paare versuchen den Ball so häufig wie möglich über die Stange zu spielen
Möglichkeiten der Differenzierung	Mithilfe des Materials (Bälle) können die Spielenden sich ihr eigenes Spielniveau aussuchen. Es kann zudem eingeschränkt werden, dass der Ball im gegnerischen Feld nicht einmal aufspringen darf. Der Abstand kann mit verbesserter Ballkontrolle vergrößert werden. Es können Gruppen gebildet werden, sodass die Teilnehmenden ein Rundlaufspiel durchführen können. Primäres Ziel: Ballkontrolle schulen, bevor schwierigere Anspiele erfolgen!

5.5 Grundlagen Torschuss (Torhüter*in)

Das Torschussverhalten ist das bedeutsamste spielsituative Verhalten für den Spielerfolg. Bedingt durch das Regelwerk, nach dem nur innerhalb des gegnerischen Schusskreises durch die angreifende Mannschaft gespielte Bälle ein gültiges Tor

Tab. 5.8 Erlaubte Torschusstechniken in den einzelnen Spielformen

	U8		U10		U12		Ü12	
	Feld	Halle	Feld	Halle	Feld	Halle	Feld	Halle
Spielform	Mini-Hockey	Mini-Hockey	Kleinfeldhockey	Hallenhockey	Dreiviertelfeldhockey	Hallenhockey	Großfeldhockey	Hallenhockey
Schieber	☒	☒	☒	☒	☒	☒	☒	☒
Schrubbschlag	☒	☐	☒	☐	☒	☐	☒	☐
Schlag	☐ (Schiebeschlag erlaubt)	☐	☒	☐	☒	☐	☒	☐
Schlenzen	☐	☐	☒	☒	☒	☒	☒	☒
Blocker/Stecher	☐	☐	☒	☒	☒	☒	☒	☒

bedeuten, kommt dem Eindringen in den Kreis und dem Torschuss eine hohe Bedeutung zu. Je nach Altersstufe sind die Torschusstechniken eingeschränkt; eine Übersicht ist in Tab. 5.8 zusammengefasst. Detaillierte Bewegungsbeschreibungen zur technischen Ausführung sind in Abschn. 5.3.3 zusammengefasst.

Für den optimalen Schutz der Torhüter*innen ist eine komplette TW-Ausrüstung für den Jugendhockeybereich verpflichtend (Abb. 5.39 und 5.40). Diese Regelung sollte auch in der Ausbildung angewendet werden.

Abb. 5.39 Komplette Torhüterausrüstung am Boden ausgebreitet

Abb. 5.40 Torhüterausrüstung (Brust-Schulter-Armschutz ohne Torhüterhemd)

Die Anziehreihenfolge ist

- Unterleibsschutz
- Torhüter*innenhose
- Kicker mit Schienen
- Brust-Schulter-Armschutz
- Kehlkopfschutz
- Helm
- Handschuhe

Das Torhüter*innenverhalten ist die herausragende Torschussabwehr in den Spielformen ab Kleinfeld-/ Hallenhockey. Grundlage für erfolgreiches Torhüter*innenverhalten ist eine Bereitschaftshaltung, die den Einsatz aller unten genannten Torhüter*innentechniken und das für die Spielsituation erforderliche Stellungsspiel
ermöglicht (Abb. 5.41).

Die Torhüter*innenbereitschaftsstellung umfasst als Kopfposition Kinn brust-
nah, eine geringe Beugung in allen Gelenkbereichen Fuß-/ Knie-/ Hüftgelenk mit
einer Körpergewichtsverlagerung auf die vorderen Fußbereiche. Zusätzlich dazu
gehört die leichte Oberkörpervorbeugung in Verbindung mit der Armbeugung
(Ellbogen nah zum Körper) und die Ausrichtung der Handschuhflächen zwischen
Hüft- und Schulterhöhe zur möglichen Torschussrichtung ebenfalls zur Bereitschaftsstellung (Abb. 5.42).

Abb. 5.41 Torhüter   in   Bereitschaftsstellung   mit   seitlicher   Bewegung   URL: ▸
https://doi.org/10.1007/000-bnb

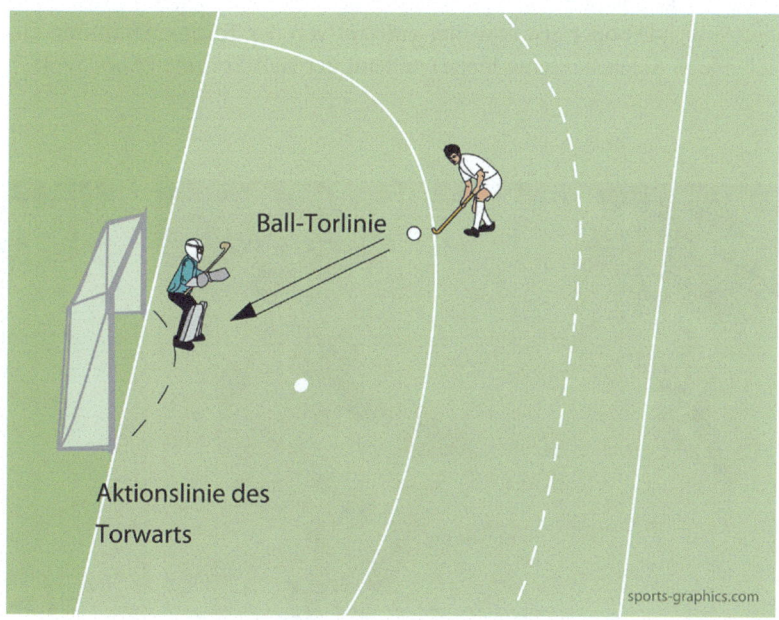

Abb. 5.42   Darstellung der Aktionslinie und der Ball-Torlinie

Abb. 5.43 Torhüter mit enger Aktionslinie und Torschussspieler aus der Perspektive Hintertor
URL: ▸ https://doi.org/10.1007/000-bnc

Das Torhüter*innenstellungsspiel umfasst eine situationsgerechte Positionie-
rung auf der Aktionslinie eng vor der Torlinie (Ball und Gegen-/ Mitspielende in
Tornähe, Abb. 5.43) oder etwas weiter entfernt von der Torlinie (Ball und Gegen-/
Mitspielende in Schusskreisrandnähe) und auf der Ball-Torlinie (Abb. 5.44).

Abb. 5.44 Torhüter mit weit entfernter Aktionslinie und Torschussspieler aus der Perspektive
Hintertor URL: ▸ https://doi.org/10.1007/000-bnd

Übungsmöglichkeiten:

1. Die Spieler*innen dribbeln abwechselnd von rechts und links ca. 6–8 m vom Tor entfernt den Ball in den Schusskreis (der*die Torhüter*in folgt auf der Aktionslinie im Schusswinkel) und die Spieler*innen spielen zu einem beliebigen Zeitpunkt den Ball in Richtung Tor; zuerst sind nur flache Torschüsse, später auch springende oder hohe Torschüsse erlaubt.
2. Die Spieler*innen stehen in einer Reihe hintereinander außerhalb des Schusskreises. Der*die erste Spieler*in dribbelt in der halbrechten Position in den Schusskreis und schiebt, schrubbt den Ball Richtung Tor und der*die nächstfolgende Spieler*in wählt die halblinke Torschussposition.
3. Die Spieler*innen stehen in zwei Reihen in 7 m Entfernung vor den Torpfosten. Die Spieler*innen spielen mit Schiebe- oder flachgeschlenzten Bällen in die jeweiligen Torecken.
4. Fünf oder mehr Spieler*innen positionieren sich 7–8 m vom Tor entfernt und im Schusskreis verteilt. Ein*e Anspieler*in steht neben dem Tor und spielt per Zufallsprinzip einen der fünf Spieler*innen an. Diese*r schießt nach einer Ballannahme aufs Tor.

Bedingt durch das Regelwerk, dass dem*der Torhüter*in das Abwehren des Balls, neben der flachen Schlägerseite, mit dem gesamten geschützten Körper ermöglicht, gibt es die folgenden Torhüter*innentechniken:

- Kicken mit der Innenseite linker/ rechter Fuß
- Schienenabwehr
- Handschuhabwehr Handschuhseite
- Handschuhabwehr Schlägerseite
- Schlägerabwehr
- Körperflächenabwehr

Langsam rollende Bälle können mit der Fußsohle oder dem Innenrist gestoppt werden und danach mit einem Innenseitkick aus der unmittelbaren Tornähe gespielt werden (Abb. 5.45).

Ein*e Torhüter*in muss in der Lage sein, mit beiden Füßen die Bälle anzuhalten und zu kicken.

Beim Kicken mit der Innenseite liegt das Gewicht auf dem Standbein.

Die Fußspitze des Spielbeins wird in der Ausholbewegung auswärts gedreht angezogen, der Ball wird mit leichter Schrägneigung zum Boden mit der Innenseite des Fußes hinter den Zehen getroffen und nach dem Treffen des Balls wird das Knie aktiv nach vorne oben geschwungen.

Übungsmöglichkeiten:

1. 1 vs. 4 zum Stellungsspiel
2. Der*die Torhüter*in kickt den Ball aus 2–4 m Entfernung an das Torbrett und muss die zurückprallenden Bälle entweder direkt kicken oder nach Anhalten wieder ins Tor kicken.

Abb. 5.45 Anhalten des Balls mit der Kickerinnenseite URL: ▸ https://doi.org/10.1007/000-bne

3. Drei Torhüter*innen oder zwei Spieler*innen und ein*e Torhüter*in stellen sich
   in einem Dreieck vor dem Tor auf (dabei ist der*die Torhüter*in im Tor). Nun
   wird ein Ball immer zum*zur Torhüter*in im Tor zurückgespielt. Diese*r verteilt die ihm*ihr zugespielten Bälle entsprechend an die beiden anderen Teil-
   nehmer*innen der Übung.

   Fußabwehr. Die Torhüter*innen müssen die aus mittiger, halbrechter oder
   halblinker Torschussposition geschobenen, geschrubbten, flach geschlenzten oder
   flach geschlagenen Bälle mit den Füßen, möglichst nach außen, abwehren können.
   Dies gelingt durch einen gezielt auf den Ball ausgerichteten, leicht diagonalen
   Ausfallschritt, bei dem die Hüfte aufdreht und sowohl Knie als auch die Fußinnen-
   seite im Moment des Ballkontaktes nach außen zeigen (Abb. 5.46).
   Kreuzkick. Das Ziel des Kreuzkicks besteht darin, Torschüsse, die mittig abgegeben werden, seitlich aus der Gefahrenzone zu befördern und somit keinen
   Nachschuss zu ermöglichen. Dabei wird im richtigen Moment der Fuß, auf den
   der Ball geschossen wird, leicht diagonal, mit über den Ball gebeugtem Oberkörper, vor den Fuß des Standbeins geschoben (Abb. 5.47).
   Schienenabwehr. Die Torhüter*innen müssen die aus halbrechter oder halblinker Torschussposition geschobenen, geschrubbten, flach geschlenzten oder
   geschlagenen Bälle mit geschlossenen leicht nach vorne geneigten Schienen abwehren (Abb. 5.48). Dies gilt auch für beinnahe, leicht hohe Bälle. Diese werden
   ebenfalls durch eine Schienenabwehr im diagonalen Ausfallschritt entschärft.
   Übung Level 1: Schienenabwehr in Kombination mit dem Stellungsspiel aus
   zwei unterschiedlichen Torschussrichtungen; die Standbeinschiene bleibt zur Tor-

Abb. 5.46 Ausfallschritt   rechts   (von   hinter   dem   Schützen)   URL: ▶
https://doi.org/10.1007/000-bnf

Abb. 5.47   Kreuzkick URL: ▶ https://doi.org/10.1007/000-bng

schussposition gerichtet und die Spielbeinschiene wird leicht gedreht in die Ballrichtung gehalten.

Übung Level 2: wie Level 1, aber mit drei unterschiedlichen Torschusspositionen

Abb. 5.48 Geschlossene Schienenabwehr (von hinter dem Schützen) URL: ▸
https://doi.org/10.1007/000-bnh

Handschuhabwehr Handschuhseite. Die Handschuhfläche wird aus der Position der Bereitschaftsstellung (knapp unter Schulterhöhe) in die Ballrichtung geführt. Bei jedem Abprallen des Balls an der Handschuhfläche sollte der Ball bis zu
schulterhohen Bällen seitlich nach unten abgelenkt werden und bei überschulterhohen Bällen seitlich nach oben abgelenkt werden (Abb. 5.49). Zur flächigen

Abb. 5.49 Schulterhohe Handschuhabwehr auf der Handschuhseite URL: ▸
https://doi.org/10.1007/000-bnj

Unterstützung sollte der Schlägerhandschuh mit Rückhandschlägerhaltung oberhalb zugeführt werden.

Übungsmöglichkeiten:

1. Ein*e Spieler*in wirft Bälle auf die Handschuhseite des Torhütenden abwechselnd in knie-, hüft-, schulter- und überschulterhohe Höhen.
2. Ein*e Spieler*in wirft Bälle auf überschulterhohe Höhen der Schlägerseite.
3. Drei zum Stellungsspiel mit geschlenzten Bällen knie-, hüft-, schulter- und überschulterhohen Bällen
4. Der*die auf der Aktionslinie liegende Torhüter*in (Kopf nach rechts) bekommt Bälle auf den Oberkörper zugespielt. Der*die Torhüter*in hat die Aufgabe, mit dem freien Handschuh die Bälle entweder direkt oder nach Abprallen vom Brustschutz zu spielen.

In Ergänzung zur Handschuhabwehr in der Luft kann der Ball natürlich auch am Boden mit dem Handschuh abgewehrt werden, wie nachfolgend gezeigt (Abb. 5.50).

Handschuhabwehr Schlägerseite. Die Handschuhfläche wird aus der Bereitschaftsstellungsposition (knapp unter Schulterhöhe) in die Ballrichtung geführt. Bei jedem Abprallen des Balls an der Handschuhfläche sollte der Ball bis zu schulterhohen Bällen seitlich nach unten abgelenkt werden und bei überschulterhohen Bällen seitlich nach oben abgelenkt werden (Abb. 5.51). Zur flächigen Unterstützung sollte der freie Handschuh oberhalb zugeführt werden.

Abb. 5.50 Ein am Boden liegender Torhüter mit Ballkontakt am Handschuh URL: ▸ https://doi.org/10.1007/000-bn5

Abb. 5.51 Abwehr des Balls mit dem Schläger auf der Schlägerseite URL:
► https://doi.org/10.1007/000-bnm

Übungsmöglichkeiten:

1. Ein*e Spieler*in wirft Bälle auf die Schlägerseite des Torhütenden abwechselnd in knie-, hüft-, schulter- und überschulterhohe Höhen.
2. Ein*e Spieler*in wirft Bälle auf überschulterhohe Höhen der Handschuhseite.
3. Drei zum Stellungsspiel mit geschlenzten Bällen knie-, hüft-, schulter- und
   überschulterhohen Bällen
4. Der*die auf der Aktionslinie liegende Torhüter*in (Kopf nach links) bekommt
   Bälle auf den Oberkörper zugespielt. Der*die Torhüter*in hat die Aufgabe, die
   Bälle mit dem Schlägerhandhandschuh seitlich beschleunigt entweder direkt
   oder nach Abprallen vom Brustschutz zu spielen.

Körperflächenabwehr. Für sehr spitze grundliniennahe Torschusswinkel geht
der*die Torhüter*in in eine tiefere Bereitschaftsstellung, wobei am linken Tor-
posten der freie Handschuh aufwärts auf Schulterhöhe gehalten wird und am rechten Torpfosten der Schläger mit dem Schlägerhandschuh aufwärts gehalten wird.
Die jeweilige Körperseite schließt eng an den jeweiligen Torpfosten an.

Übungsmöglichkeiten:

1. Ein*e Spieler*in führt den Ball grundliniennah von rechts Richtung Tor. 6–4 m
   vor dem Tor zieht der*die Spieler*in den Ball mit der Vorhand Richtung Spielfeld und bringt den Ball mit einem Rückhand-Kantenschlag-/-Schrubbschlag
   Richtung Tor.

2. Ein*e Spieler*in führt den Ball grundliniennah von links Richtung Tor. 6–4 m vor dem Tor zieht der*die Spieler*in den Ball mit der Rückhand Richtung Spielfeld und bringt den Ball mit einem Vorhand-Schrubbschlag Richtung Tor.

Übungen zum Torschuss

Lernziele	Vertrauen in die Schutzausrüstung gewinnen
Zeitlicher Rahmen	45–60 min
Schwierigkeitslevel	1 | **2** | 3 | 4 | 5
Anzahl Spieler*innen	Je ein*e Torhüter*in in zwei Schusskreisen (Kleinfeld) mit 10 Spieler*innen
Spielfeld	Schusskreis (Kleinfeld)
Material	• 1 Schläger pro Spieler*in • Ca. 40 Hockeybälle • 2 komplette TW-Ausrüstungen
Übungs- und Spielbeschreibung	Es wird ein Torschuss mit unterschiedlichen Schlagtechniken geübt: • Schiebe-, Schrubbschlag-, Schlenztorschuss nach Ballannahme von rechts • Schiebe-, Schrubbschlag-, Schlenztorschuss nach Ballannahme von links • Schiebe-, Schrubbschlag-, Schlenztorschuss nach Umspielen • Blocken/ Stechen nach langen Pässen in den gegnerischen Schusskreis Der*die Torhüter*in erhält die Aufgabe, die Abwehr des Balls unterschiedlich auszuführen: • Kicken von rollenden Bällen • Schienenabwehr von flachen Schlenzbällen • Handschuhabwehr von Schlenztorschüssen • Körperabwehr von unterschiedlichen Torschussarten
Möglichkeiten der Differenzierung	Die Schwierigkeit kann durch die Verringerung oder die Vergrößerung des Abstands der Torschütz*innen variiert werden. Eine höhere Torschussfrequenz bei Serien-Torschüssen erschwert die Abwehr für der*die Torhüter*in.

Literatur

Bahrtek D (1999) Kinematische Bewegungsanalyse zum Rückhandkantenschlag im Feldhockey. Deutsche Sporthochschule Köln, Köln

DHB Bildung (O.A.) Das mit ABSTAND beste Training: torschuss. Mit Input u. a. von Bockhorst T, Pasarakonda A, Verboom E, McCann M. https://s3.eu-central-1.amazonaws.com/dhb-prd-api-assets/media/03/1-uebungspaket-torschuss-pdf.pdf. Zugegriffen: 4 Mai 2021

Haumann S (2015) Entwicklung einer methodischen Reihe zur Verbesserung der Technik des Eckenschlenzens im Feldhockey. In: Trainerakademie Köln des DOSB (Hrsg) Von Trainern für Trainer 2015, S 32–39

König S, Memmert D (2012) Allgemeine und spezielle Spielfähigkeit – pädagogoische und di-
daktische Überlegungen. In König S, Memmert D, Moosmann K. (Hrsg) Das große Buch der
Sportspiele. Limpert-Verlag, Wiebelsheim, S 8–17
López de Subijana C, Juárez D, Mallo J, Navarro E (2011) The application of biomechanics to
penalty corner drag-flick training: a case study. J Sports Sci Med 2011(10):590–595
Roth (2005). Taktiktraining. In: Hohmann A, Kolb M, Roth K (Hrsg) Handbuch Sportspiel. Hof-
mann, Schorndorf, S 342–349
Tiemann H (2013) Inklusiver Sportunterricht. Sportpädagogik 37(6):47–50
Vizcaya FJ (2016, 5 Nov) Technikanalyse und -training des Schlenzers. Trainersymposium, Köln

Taktik

6

Zusammenfassung

Durch das gleichzeitige Bestreben beider Teams in einem Hockeyspiel, den Ball ins Tor zu schießen und abzuwehren, ergeben sich zahlreiche taktische Möglichkeiten. Die Taktik kann zum einen in Individual-, Gruppen- und Mannschaftstaktik unterteilt werden. Zum anderen werden Angriff (mit Ballbesitz) und Abwehr (ohne Ballbesitz) taktisch unterschieden. Für die Spielformate Mini-, Kleinfeld-, Dreiviertelfeld-, Großfeld- und Hallenhockey können taktische Grundprinzipien differenziert werden. Zur Schulung der Spielintelligenz und Spielkreativität empfiehlt sich das Training mit Spielvariationen (auch: *Small-Sided Games*, SSG).

Wie bereits in vorangegangenen Kapiteln dargestellt, werden im Kontext der sportartübergreifenden Schulung der Basiskompetenzen auch taktische Basiskompetenzen gefördert (siehe Kap. 4). Zum Erlangen sportspielspezifischer taktischer Fähigkeiten ist das Verständnis über grundlegende Prinzipien unabdingbar und wird nachfolgend dargestellt. Zur Verknüpfung der sportspielübergreifenden mit den sportspielspezifischen Taktiken im Hockey sind in Tab. 6.1 Beispiele aufgeführt.

Es wird zwischen Individual-, Gruppen- und Mannschaftstaktik unterschieden. Diese werden wiederum in taktisches Verhalten defensiv (ohne Ballbesitz) oder offensiv (mit Ballbesitz) aufgegliedert.

Aufgrund der unterschiedlichen Rahmenbedingungen zwischen Feld- und Hallenhockey (Feldgröße, Spielfeldbelag, Anzahl der Spieler*innen, u. a.) unterscheidet sich die Taktik wesentlich. Je nach Spielsituation, Leistungsvermögen sowie Stärken und Schwächen der gegnerischen Spieler*innen können die oben aufgeführten Techniken im Spiel zur Umsetzung der Taktik angewandt werden.

Tab. 6.1 Sportspielübergreifende Basiskompetenzen und sportspielspezifische taktische Fähigkeiten (in Anlehnung an Roth und Kröger 2021)

Basistaktiken	Beispiele aus dem Hockey
Abschlussmöglichkeiten nutzen	Spielen des Balls in den Schusskreis
Überzahl individuell herausspielen	Anwendung von Umspieltechniken mit Körpertäuschung
Überzahl kooperativ herausspielen	Give-&-Go
Ballbesitz individuell sichern	Auf die eigene Vorhand kanalisieren
Ballbesitz kooperativ sichern	Doppeln
Lücke erkennen	Anspiel in der Halbspur außerhalb der Reichweite
Anbieten und Orientieren	Freilaufverhalten Sturmebene

6.1 Grundlagen der Taktikvermittlung

Die Vermittlung taktischer Spielfähigkeit stellt nach wie vor eine der größten Herausforderungen für Lehrkräfte, Übungsleiter*innen, Trainer*innen und Spielanfänger*innen dar. Das primäre Ziel sollte sein, dass die Lernenden taktische Lösungskompetenz erlangen, indem zum einen die spielerische Kreativität (divergentes Denken) und zum anderen die Spielintelligenz (konvergentes Denken) geschult werden. Spielerische Kreativität bedeutet, dass der*die Spielende eine Auswahl vielfältiger Lösungsmöglichkeiten besitzt, um die Spielsituation zu bewältigen. Die Spielintelligenz beschreibt hingegen, dass schließlich auch die beste Lösung aus der Variation der Möglichkeiten ausgewählt wird (Memmert und Hillmann 2014). Im Training soll den Spielenden die Möglichkeit zur Entwicklung von Variabilität, des Lösens taktischer Probleme, der Einschätzung der Erfolgswahrscheinlichkeit sowie der Handlungsselektion unter Berücksichtigung der Wertvorstellungen gegeben werden. Es werden vorrangig spielerisch-unangeleitete (implizite) Vermittlungsmethoden gewählt; explizite Methoden können für fortgeschrittene Lernphasen genutzt werden (Roth 2005).

In der Gruppen- und Mannschaftstaktik werden mindestens zwei Spielende eingebunden, sodass Spielkonstellationen als Team gelöst werden. Hierfür wird zwischen Spielsystemen, Spielkonzeptionen und Spielzügen differenziert.

▶ **Tipp**
Die drei Begriffe Spielsysteme, Spielkonzeptionen und Spielzüge werden wie folgt definiert.
Während ein Spielzug einen klar vorbestimmten Spielablauf darstellt, werden Konzeptionen vielmehr nach „Wenn-dann-Prinzipien" bestimmt. Das bedeutet, dass ein bestimmtes Muster der Aktion vordefiniert wird (Beispiel: „Wenn der Ball in der Position x ist, wird ein Pressing umgesetzt"). Das Spielsystem ist hingegen wenig standardisiert; es geht vielmehr um die taktische Basiseinstellung des Teams

sowie deren Handlungsmuster, welche vorab und/ oder während des Spiels definiert werden (Roth 2005, S. 342 ff.).

Während der Grad der Standardisierung zum Letztgenannten zunimmt, nehmen die divergent-konvergenten Entscheidungsprozesse ab. Das bedeutet, dass Spielsysteme durch ein geringes Maß an Standarisierung umfangreiche Entscheidungsprozesse erfordern. Zur Reduktion der Komplexität können dabei Übungsformen und Vereinfachungen, beispielsweise durch das Zerlegungsprinzip, hinzugezogen werden, um taktische Kompetenz zu erlangen.

Die Auswahl der Spieltaktik lässt sich zwischen Taktiken im Angriff (ballbesitzend) und in der Verteidigung (ohne Ballbesitz) differenzieren. Die Übergangsphasen von Angriff zur Verteidigung und umgekehrt können ebenfalls als taktische Phasen gewertet werden (Mülders 2014; Nahrmann 2014a, 2024b; Weise 2014). Mithilfe nachfolgender Grundsituationen können dabei die einzelnen Elemente des taktischen Spiels dargestellt werden:

Das primäre Ziel im Ballbesitz ist es, Tore zu schießen. Um dieses Ziel zu erreichen, muss die Mannschaft den Ball erfolgreich ins Tor schießen (Grundsituation 1). Dafür muss das Team in den Schusskreis eindringen bzw. eine Torschussgelegenheit herausspielen (Grundsituation 2). Der Aufbau und die Vorbereitung zum Eindringen in den Schusskreis ist schließlich die dritte Grundsituation (Hänel et al. 2013, S 13). Daran orientiert kann eine Taktik für das Team erarbeitet werden, welche zum Torerfolg führen soll.

Ist eine Mannschaft nicht im Ballbesitz, hat diese zum Ziel, ein Tor zu verteidigen. Die Grundsituationen gliedern sich dann wie folgt auf: Zunächst muss der Torschuss abgewehrt werden (Grundsituation 1). Dem vorangehend, soll das Team verhindern, dass der Torschuss bzw. das Eindringen in den Schusskreis möglich wird (Grundsituation 2). Um diese Situation zu vermeiden, versucht die Mannschaft den Spielfluss der angreifenden Mannschaft bereits frühzeitig zu stören (Grundsituation 3, Hänel et al. 2013, S 13).

In der Praxis werden für das Erlernen taktischer Grundprinzipien variable Spielformen eingesetzt, um divergent-konvergente Entscheidungsprozesse in realen Spielsituationen zu fördern. *Small-sided games* (SSG) sind vereinfachte Spielformen des Zielspiels, welche die Spielidee beinhalten und gleichzeitig bestimmte taktische Grundprinzipien trainieren. Die Variationen der Spielform kann dabei in Anlehnung an Enrich (2020) über eine Veränderung i) des Raums, ii) der Zeit, iii) der Spieler*innen, iv) der Punktewertung, v) der Technik, vi) der Taktik, vii) des Regelwerks und der Schiedsrichter*innen erfolgen.

i) Raum: Spielfeld, Spieler*innendichte (mehr = anspruchsvoll, weniger = anstrengender), Asymmetrien (z. B. Torpositionen), spezielle Zonen (z. B. Tabuzone)
ii) Zeit: bekannt, abhängig, Pause, Zeit bis Erfüllung Zielstellung
iii) Spieler*innen: Anzahl, Überzahl, Unterzahl, Jokerspieler*innen

iv) Punktewertung: Tore, Tore in Folge, Abstufung (je nach Tor), Tore/ Zeit,
    Punkte für Zielvorgaben (z. B. Ballbesitz), progressive Punkte, Anzahl der
    Tore/ Torhüter*in, Torvariationen
v) Technik: Anzahl Ballberührungen, erlaubte/ verbotene Techniken
vi) Taktik: Punkte für Prinzipien, defensives System
vii) Regeln und Schiedsrichter*innen: Ändern, Entfernen von Regeln, Eigen-
    wertung, Toleranzgrad, Zeitstrafen, Verlust der Neutralität

Während SSG bereits vielfach im Unterricht und im Training eingesetzt werden,
sind die positiven Effekte zunehmend auch wissenschaftlich nachgewiesen. So
konnte die Arbeitsgruppe um Timmerman und Kollegen (2019) zeigen, dass eine
Reduktion der Spieler*innen zu einer erhöhten Anzahl technischer Aktionen pro
Spieler*innen und einer höheren physischen Anforderung führt. Das Spiel Zehner-
ball, bei dem zehn aufeinanderfolgende Pässe innerhalb eines Teams ohne Wechseln des Ballbesitzes in einem vorgegebenen Feld gespielt werden müssen, um
einen Punkt zu erzielen, führt zur Förderung des Passspiels im Team. Wird Hockey mit zwei Toren gespielt (Mini-Hockey), hat dies nachweislich einen Anstieg
der Torschüsse zur Folge. Eine Veränderung des Hockeyspiels durch Ergänzung
von Banden (Hallenhockey) hat hingegen die Auswirkung, dass die Anzahl der
Pässe und die physische Anforderung steigt (Timmerman et al. 2019). Beispiele
zur Durchführung von SSG sind in Abschn. 6.3 dargestellt.

6.2   Individualtaktik & Gruppentaktik

Unter dem Begriff der **Individualtaktik** (auch: Mikrotaktik) versteht man alle
taktischen Aktionen, die ohne direkten Einbezug von Mitspieler*innen umgesetzt
werden. Im Gegensatz dazu grenzt sich die **Gruppentaktik** (auch: Mesotaktik)
davon ab, dass mindestens ein*e zusätzliche*r Mitspieler*in eingebunden wird.
Der Übergang von Individual- zu Gruppentaktik ist häufig fließend; Beispiele zu
den einzelnen taktischen Aktionen sind nachfolgend dargestellt.

6.2.1   Taktiken mit Ballbesitz (offensiv)

Individualtaktik
Beispiele der Individualtaktik mit Ballbesitz lassen sich insbesondere durch Situationen im 1 vs. 1 zusammenfassen, in denen Umspieltechniken angewandt und
die Komplexität durch Täuschungen, 3D-Hockey und/ oder kombinierte Techniken
gesteigert werden kann. Beim Erlernen der Technikelemente zum Passen und Umspielen (Hänel et al. 2013) lernen die Ballbesitzenden dementsprechend das Aus-
nutzen der abwehrschwächeren Rückhandseite des*der Gegenspielenden.
   So kann beispielsweise die Ballführung zur Vorhandseite des*der Gegenspielenden angetäuscht werden, um kurz vor Erreichen der Reichweite des*der

Gegenspielenden das Umspielen gegen dessen abwehrschwächere Rückhand-seite gegner*innen- und raumüberwindend abzuschließen. Ein weiteres wichtiges gruppentaktisches Verhalten ist das Freilaufen hin zum*zur oder weg von dem*der Passgeber*in, aber in jedem Fall außerhalb der Reichweite der Gegenspieler*innen. Wichtige gruppentaktische Angriffsmöglichkeiten sind *Kombinationen zu zweit* und *Überzahlangriffe* (Hänel et al. 2013, S. 130 ff.)

Gruppentaktik
Beispiele der Gruppentaktik mit Ballbesitz umfassen Angriffskombinationsmöglichkeiten, Hinterkreuzen, S-Laufen sowie das sogenannte Give-&-Go. Im Speziellen gehört auch die Strafeckenausführung im Angriff zur Gruppentaktik. Die Erklärung der taktischen Begriffe sind nachfolgend in Tab. 6.2 dargestellt.

6.2.2 Taktiken ohne Ballbesitz (defensiv)

Individualtaktik
Bereits beim Erlernen der Technikelemente werden individualtaktische Verhaltensweisen mit erlernt. Im Spiel Torschussball 1 vs. 1 (vgl. Kap. 5.1) wird erlernt, wie man sich ohne Ballbesitz positionieren muss, um den gegnerischen Torschuss möglichst mit der Vorhand abzufangen. Ebenso wird durch Beobachten des gespielten Balls entschieden, ob bei flach gespielten Bällen die tiefe Schläger-Vorhand oder bei leicht springenden Bällen die senkrechte Schläger-Vorhand zum Abfangen des Balls zum Einsatz kommt.

Gruppentaktik
Ähnliches gilt für das gruppentaktische Verhalten im Torschussball 2 vs. 2 (vgl. Kap. 5.1), in dem das Aufstellverhalten beider Spieler*innen so im Raum zur Position der*des gegnerischen Ballbesitzenden gewählt wird, dass die möglichen Einschusswinkel nur zu einem Vorhandschlägereinsatz der*des Verteidigenden führt und damit die Chance auf das Abfangen des Balls optimiert wird. Im genannten Beispiel steht der*die links Spielende so im Raum, dass kein Überspielen

Tab. 6.2 Beispiele der Gruppentaktik mit Ballbesitz

Angriffskombinationsmöglichkeiten (Passspiel)	Variationen, um den Ball mit mindestens zwei Mitspielenden vorwärts zu bewegen: Quer-, Steil-, Doppelpässe sowie Kombinationen
Hinterkreuzen	Wird ein 1 vs. 1 ausgespielt, darf der*die Mitspielende ohne Ballbesitz nicht zwischen die Zweikämpfenden laufen; ein Hinterkreuzen ermöglicht neue Passkombinationsmöglichkeiten.
S-Laufen	Freilaufverhalten mit Richtungswechsel-Täuschungen
Give-&-Go	Ball wird im 2 vs. 1 gepasst; nach Abspiel wird direkt eine neue anspielbare Position eingenommen

auf der Rückhandseite möglich ist. Der*die rechts Spielende steht so im Raum, dass die linke Schulter der Vorhandreichweite der*des linken Gegenspielenden entspricht und die Aktion über die eigene Vorhandseite erfolgen muss. Sollte der Pass/ Torschuss auf die Schnittstelle zwischen dem*der linken und rechten Spieler*in gespielt werden, gilt das Prinzip Vorhand- vor Rückhandschlägereinsatz (Hänel et al. 2013).

Dieses gruppentaktische Abwehrverhalten ist ebenso erforderlich beim Torschussball 3 vs. 3 (vgl. Kap. 5.1). Hier müssen sich alle Abwehrspielenden zur Ballseite verschieben, damit nahezu keine Chance für die Gegenspielenden entsteht, einen Torschuss über die abwehrschwache Rückseite zu spielen.

Beim Abwehrverhalten im 1 vs. 1 ist das Positionieren im Raum von besonderer Bedeutung, wie in Abb. 6.1 dargestellt.

Gegen die ballführende gegnerische Person wird die sogenannte seitlich eingerückte Position eingenommen und verschließt/ erschwert damit für den*die ballführende*n Gegner*in das Umspielen über die Vorhandseite der*des Verteidigenden (auch: Kanalisieren) und ermöglicht dem*der Verteidiger*in durch rückwärts seitwärtiges Laufen einen guten Übergang in die begleitende Abwehr (auch: Doppeln, Gegenspieler*in übergeben). Ferner muss der*die Verteidiger*in den Reichweitenabstand zum*zur ballführende*n Gegner*in einnehmen, um angetäuschte Schlägeraktionen durchzuführen und eigene Fußfehler zu vermeiden. Als spezieller Fall der Gruppentaktik ohne Ballbesitz kann die Strafeckenabwehr aufgelistet werden.

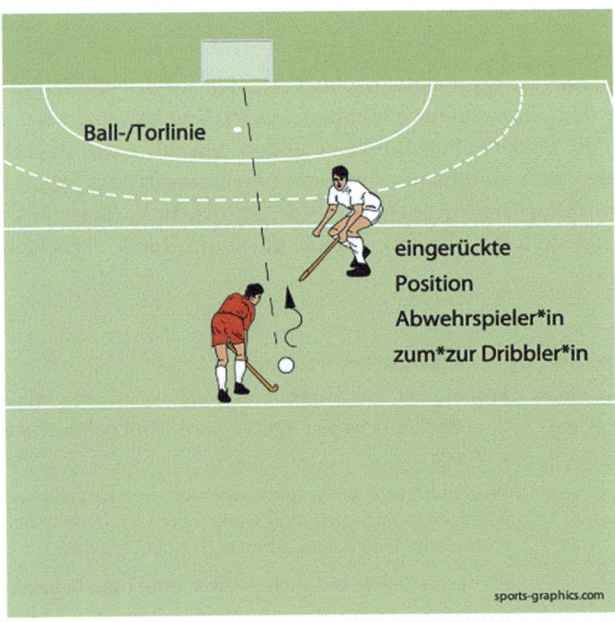

Abb. 6.1 Eingerückte Position der*des Abwehrspielenden zur*zum Ballbesitzenden

Torschussball

Lernziele	Erlernen des taktischen Grundverständnisses mit integrierter Spielidee (Tore schießen und Tore verteidigen)
Zeitlicher Rahmen	10–60 min (je nach Level)
Schwierigkeitslevel	1 2 3 4 5
Anzahl Spieler*innen	1–3 Teilnehmende pro Mannschaft; 2–6 Teilnehmende pro Spielfeld
Spielfeld	U6: 8 m × 4 m (Länge × Breite) U8: 10 m × 5 m U10: 22 m × 6 m
Material	• 1 Schläger pro Spieler*in • 1 Hockeyball pro Spielfeld • 4 große Pylonen pro Spielfeld • 4 Seitenbegrenzung pro Spielfeld (siehe Abb. 6.2)
Übungs- und Spiel-beschreibung	1 vs. 1: Die Spielenden versuchen Tore zu schießen und zu verteidigen. Der Ball darf bis zur Mittellinie geführt werden; diese darf jedoch nicht überschritten werden (Abb. 6.2) 2 vs. 2: Wie oben genannt, jedoch ist Ballführen und Kombinations-spiel bis zur Mittellinie erlaubt (Abb. 6.3) 3 vs. 3: Verhaltenserweiternd ist für die Offensive das Ballführen auf der abwehrstarken Vorhandseite des*der Gegner*in, um dann durch einen schnellen Pass in eine gute Ausgangsposition zu einem Torschuss über die abwehrschwächere Rückhandseite des*der Gegner*in zu gelangen. Für die Abwehrspielenden ist entscheidend, dass sie sich zur Ballseite des*der Gegner*in verschieben. Dieses Verschieben muss so erfolgen, dass zu keinem Zeitpunkt Lücken entstehen, die dem*der Gegenspielenden einen Pass/ Torschuss durch diese hindurch ermöglichen (Abb. 6.4).
Möglichkeiten der Differenzierung	Durch die Variation der Distanz zwischen den Toren und Pylonen kann die Schwierigkeit angepasst werden (Abb. 6.4).

Abb. 6.2 Torschussball 1 vs. 1

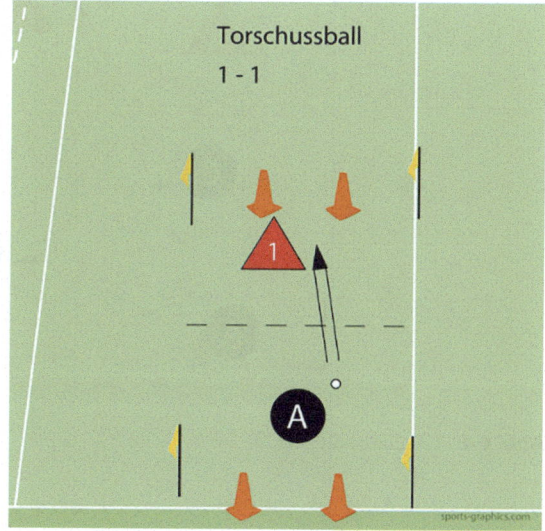

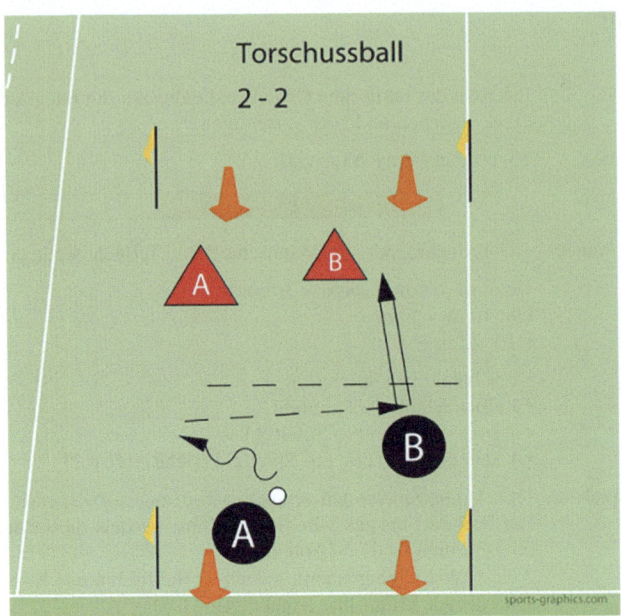

Abb. 6.3 Torschussball 2 vs. 2

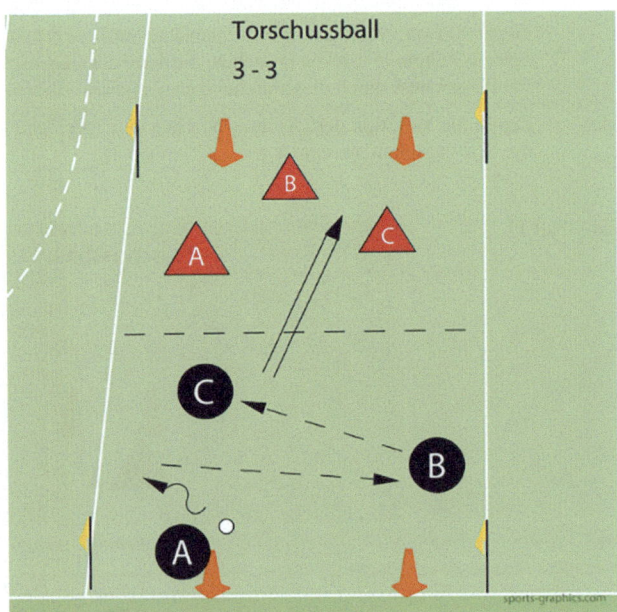

Abb. 6.4 Torschussball 3 vs. 3

Spielform 3 vs. 3

Lernziele	Abwehr: Gemeinsame Ball-Raumverteidigung (seitliches Verschieben, sodass möglichst nur mit der Vorhand Bälle abgefangen werden können) Angriff: Durch schnelles, sicheres Passspiel den Gegner*innen das permanente Lückenschließen zu erschweren und damit Torschussmöglichkeiten über die Rückhandseiten der Gegner*innen erreichen
Zeitlicher Rahmen	30 min
Schwierigkeitslevel	1 **2** 3 4 5
Anzahl Spieler*innen	6 Teilnehmende pro Spielfeld (3 vs. 3)
Spielfeld	20 m × 22 m (Länge × Breite)
Material	• 1 Schläger pro Spieler*in • 1 Hockeyball pro Spielfeld • 8 große Pylonen pro Spielfeld
Übungs- und Spielbeschreibung	Die Spielenden versuchen, im Ballbesitz durch Passspiel in der eigenen Mannschaft eine mittelliniennahe Torschussposition zu erreichen, die möglichst einen Torschuss über die Rückhandseite der Gegner*innen ermöglicht; die Spielenden ohne Ballbesitz versuchen durch ständiges Verschieben, dem*der Gegner*in keine Lücke für einen erfolgversprechenden Torschuss zu bieten.
Möglichkeiten der Differenzierung	Die Abwehraufstellung soll nahe des eigenen Tores erfolgen; die Abwehraufstellung variiert, indem ein*e vorgezogene*r Spieler*in immer versucht, sich in die mögliche Torschussrichtung zu stellen; die Abwehraufstellung kann auch variiert werden, indem zwei vorgezogene Spieler*innen immer versuchen, sich in die mögliche Torschussrichtung zu stellen.

6.3   Mannschaftstaktik

Der Übergang vom gruppentaktischen zum mannschaftstaktischen Verhalten setzt spätestens mit der Spielform Mini-Feldhockey 3 vs. 3 bzw. 4 vs. 4 und Mini-Hallenhockey 3 vs. 3 bzw. 4 vs. 4 ein. Die Mannschaftstaktik (auch: Makrotaktik) beschreibt dabei die taktische Aktion einer Einzelhandlung vor dem Hintergrund eines gemeinsamen Konzepts des gesamten Teams.

6.3.1   Taktiken mit Ballbesitz (offensiv)

Zu den o. g. individualtaktischen und einfachen gruppentaktischen Verhaltensbereichen in der Offensive und Defensive kommt das Verhalten in unterschiedlichen Ebenen und Spuren dazu. Ebenen sind dabei die Unterteilung nach Abwehr- und Angriffsreihe und Spuren die Unterteilung nach rechter und linker bzw.

rechter mittlerer und linker Spur. In komplexeren Spielformen z. B. Dreiviertel-Feldhockey der U12 auch rechte Außenspur, rechte Halbspur, Mittelspur, linke Halbspur und linke Außenspur.

Ziel der ballbesitzenden Mannschaft ist es, aus der eigenen Spielfeldhälfte die Ebenen der Gegenspielenden jeweils durch Kombinationen zu überwinden, um in der gegnerischen Spielfeldhälfte in die Torschusszone (Mini-Spielformen) bzw. den Schusskreis (Kleinfeld- und Dreiviertelfeldhockey, Hallenhockey) einzudringen und zu einem Torschuss mit Torerfolg zu kommen. Beispiele sind u. a. der Positionsangriff oder die Seitenverlagerung. Im Speziellen werden Strafeckenkonter und Standardsituation inkludiert, welche die komplette Mannschaft involvieren.

6.3.2 Taktiken ohne Ballbesitz (defensiv)

Mannschaftstaktisches Verhalten in der Defensive kann ballgegner*innenorientiert (auch: Manndeckung), ballraumorientiert (auch: Raumdeckung) oder eine Mischform aus beiden sein (Tab 6.3). Im ballgegner*innenorientierten Deckungssystem spielt z. B. eine rechts verteidigende Person gegen eine Person, die links außen spielt. Dabei sollte die Verteidigung immer auf der Ball-Torlinie stehen und dadurch immer näher zum eigenen Tor sein. Gemäß der Ballposition bei dem*der Gegenspielenden ist die Deckung auf der Ballseite sehr eng und auf der ballentfernten Seite reichweitenorientiert. Ein ähnliches Verhalten ergibt sich für die Spielenden der Angriffsreihe bei gegnerischem Ballbesitz, die sich entweder aggressiv störend oder aktionsabwartend gegen ihre jeweiligen Gegenspielenden in ihren Spuren verhalten.

Die Zuordnung der Manndeckung entscheidet sich demnach entsprechend der Startaufstellung der Spieler*innen. Die Startpositionen sind in nachfolgenden Abbildungen für Mini-Hockey (Abb. 6.5), Kleinfeldhockey (Abb. 6.6 und 6.7) und für Dreiviertelfeldhockey (Abb. 6.8) im Feldhockey abgebildet.

Im Hallenhockey sind die Startpositionen ähnlich verteilt, wie in den Abbildungen für Mini-Hockey (Abb. 6.9) und Hallenhockey (Abb. 6.10) deutlich wird.

6.3.3 Kreisverhalten/ Standardsituationen

Bedingt durch die Regeleinschränkungen zum Torschuss (gültige Tore können nur nach Eindringen in den Schusskreis erzielt werden) gibt es besondere Strafen für Fehler der verteidigenden Mannschaft im Schusskreis. In diesem Kapitel werden zunächst Freischlagsituationen im und um den Kreis herum im Nachwuchsbereich bis zum Erwachsenenbereich erläutert. Dabei wird zwischen Feld- und Hallenhockey differenziert.

Tab. 6.3 Charakteristiken, Vor- und Nachteile der jeweiligen Deckungssysteme

Ballgegner*innenorientiertes Deckungssystem	
Charakteristiken	Zuordnung Spieler*in zu Spieler*in Positionierung Ball-Tor Linie i. d. R. Positionierung auf der eingerückten Vorhand
Vorteile	Klare Aufgabenverteilung Individuelle Einstellung auf Stärken und Schwächen der gegenspielenden Person Gegenspielende Person wird zu mehr Laufarbeit gezwungen
Nachteile	Wenig eigene Beeinflussung (Laufwege und -tempo) Einfache Manipulation Bei Ballverlust: Unterzahl Abhängigkeit von technischen Möglichkeiten Konditionell fordernd
Ballraumorientiertes Deckungssystem	
Charakteristiken	Zonengebunden Zustellen der gefährlichsten Räume/ Wege Versetzte/ gestaffelte Spielreihen Ansage durch die Defensive Alle Spieler*innen stehen möglichst hinter dem Ball
Vorteile	Ökonomische Laufarbeit Problemloses Umschalten (Angriff/Abwehr) Kanalisieren/ Doppeln möglich Taktische Variabilität
Nachteile	Größte Gefahr durch schnell gespielte Verlagerungen Großes Spielverständnis notwendig Ständige Aufmerksamkeit und Überblick über das gesamte Spielfeld notwendig
Deckungssystem Mischform	
Charakteristiken	Kombination aus ballgegner*innen- und ballraumorientiertem Deckungssystem: Verteidigungsebene häufig eher ballgegner*innenorientiert Sturmebene häufig eher ballraumorientiert Beispiel: Manndeckungssystem mit Übergabe der Spieler*innen ohne Positionswechsel Beispiel: Systeme, in denen Teile der Mannschaft ganz oder zeitweise Raumdeckung spielen, während der Rest Manndeckung spielt
Vorteile	Nutzen der Vorteile beider Systeme
Nachteile	Klare Aufgabezuordnung notwendig Komplexität bzgl. unterschiedlicher Aufgabenzuordnungen

Wichtige Faktoren, von denen der Erfolg eines Freischlags in allen Situationen im und um den Schusskreis herum abhängt, sind:

- Schnelle Ausführung und damit Überraschung der gegnerischen Abwehrspieler*innen
- Der*die Ausführende muss die Laufbewegungen der Mitspieler*innen und die Raumposition der Gegenspieler*innen beobachten, eine Risikoeinschätzung

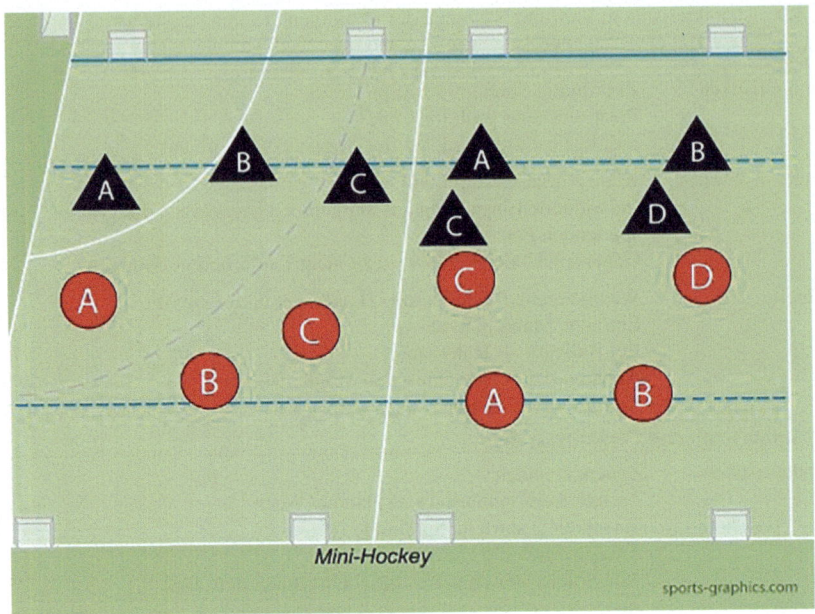

Abb. 6.5 3 vs. 3/ 4 vs. 4 im Mini-Feldhockey

zu den möglichen Passwegen oder einer eigenen Ballführung vornehmen und dementsprechend handeln

- Die Mitspieler*innen müssen dem*der Ausführenden helfen, indem sie sich sichtbar freilaufen und ggf. mit ihrem Schläger Hinweise zur geplanten Ballannahme geben, d. h. oftmals das Tempo wechseln, fintieren usw.
- Die Ausführungsart eines Freischlags ist abhängig von der Deckungsart der*des Gegenspielenden. Eine Mannschaft sollte sich nicht scheuen, gegen eine defensiv spielende Mannschaft den Ball über die aufgerückten Verteidigenden der eigenen Mannschaft zu spielen, um die gegnerischen Abwehrspieler*innen aus ihrem Schusskreis herauszulocken und damit Spielraum für die Stürmer*innen zu schaffen
- Die Spieler*innen sollten sich nicht nur stur an das Vorgeübte halten, sondern immer davon ausgehen, dass sich ständig neue Möglichkeiten bieten, die auch genutzt werden sollten, wenn die Chancen auf Erfolg vergleichbar mit den erprobten Möglichkeiten ist

1) Kreis- und Standardsituationen im (Klein-)Feldhockey

Abschlag nach Grundlinienaus

Der Abschlag durch Spieler*in A sollte immer so erfolgen, dass Mitspielende*r B dann ungehindert schlagen (nur Kleinfeld-, Dreiviertelfeld-, Feldhockey), schieben oder eventuell schlenzen (nur Kleinfeld-, Dreiviertelfeld-, Feldhockey) kann.

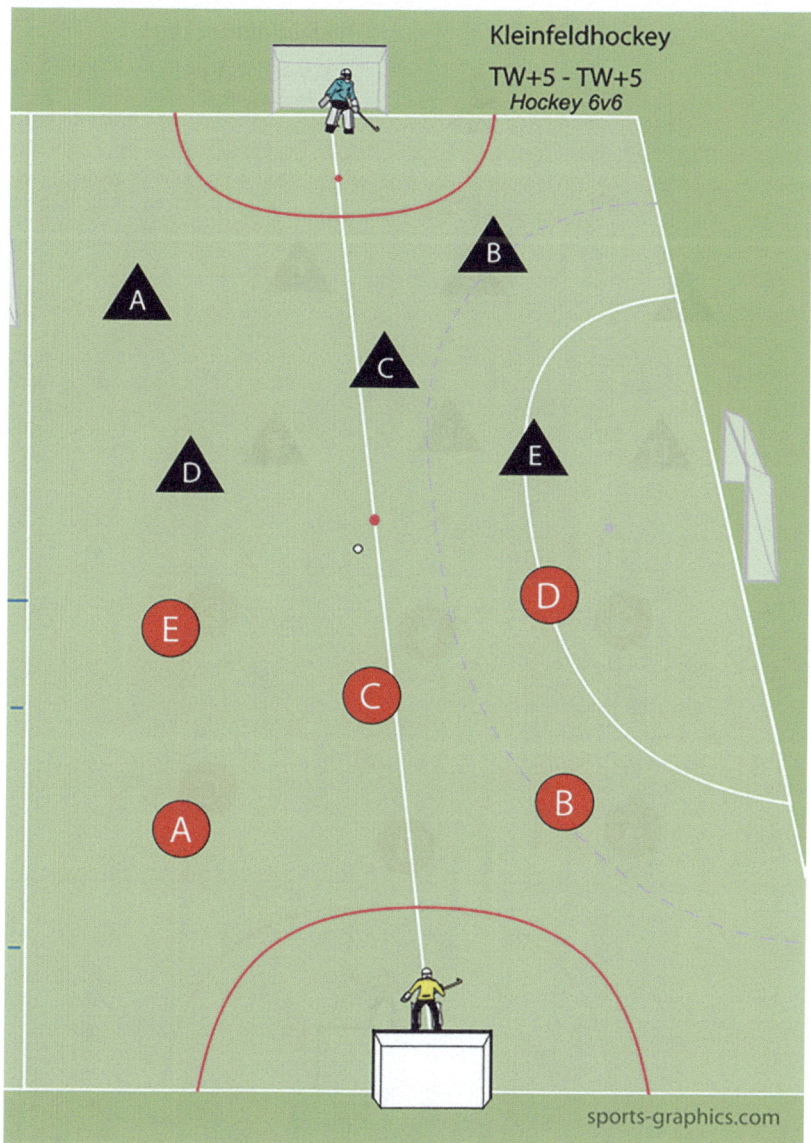

Abb. 6.6 Torwart*in (TW) + 5 im Kleinfeldhockey

Abschlag nach Grundlinienaus im Kleinfeldhockey. Abschlag direkt zu Sturmpositionen: Während der Ball von der linken, mittleren oder rechten Verteidigungsposition zurechtgelegt wird, versuchen die Angreifenden, durch Freilaufaktionen in der gegnerischen Spielfeldhälfte bzw. in Schusskreisnähe günstige Anspielsituationen zu schaffen. In diesem Moment spielt der*die Verteidigende

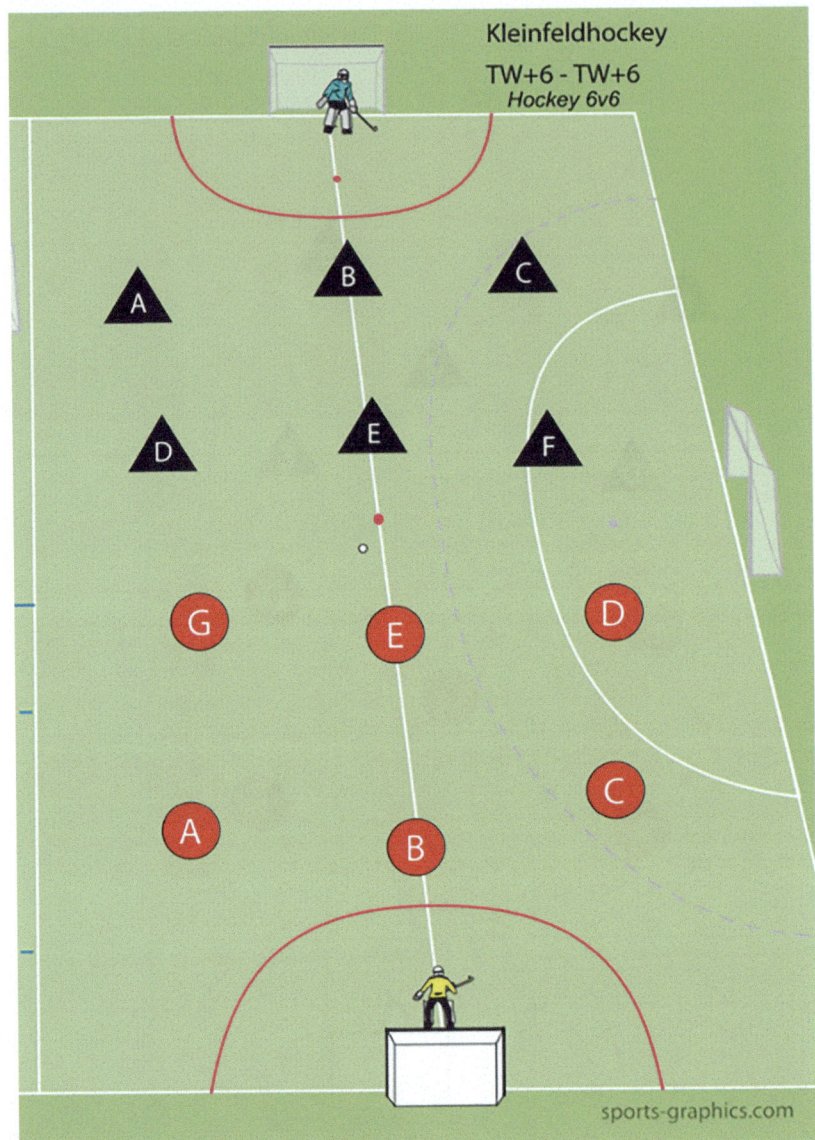

Abb. 6.7 Torwart*in (TW) + 6 im Kleinfeldhockey

den Pass zum*zur quer- oder entgegenlaufenden Stürmenden (Abb. 6.11). Nach
erfolgtem Pass kann durch schnelles Nachsetzen des*der Mittelspielenden bzw.
des*der Verteidigenden das Ziel, nämlich das Einleiten einer Kombination – evtl.
Einleiten eines Überzahlangriffs – erreicht werden.

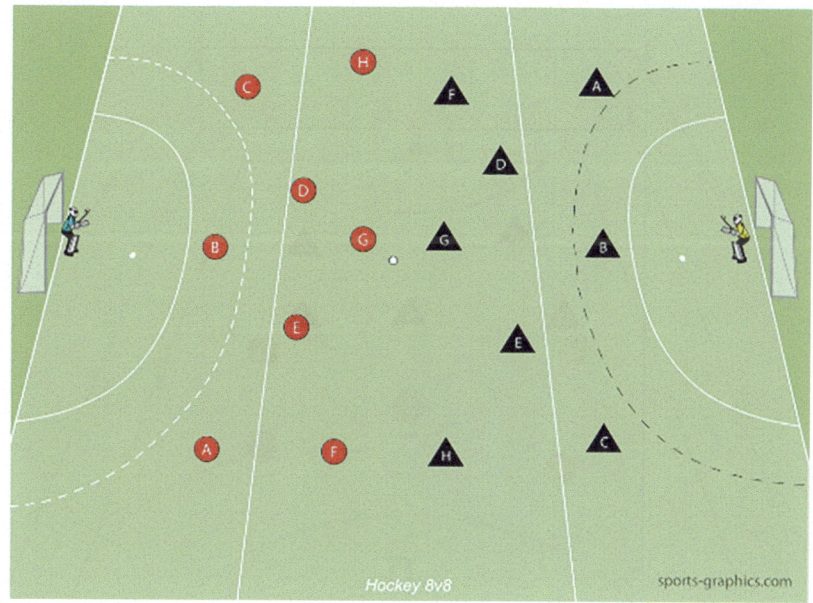

Abb. 6.8   Torwart*in + 8 im Dreiviertelfeldhockey

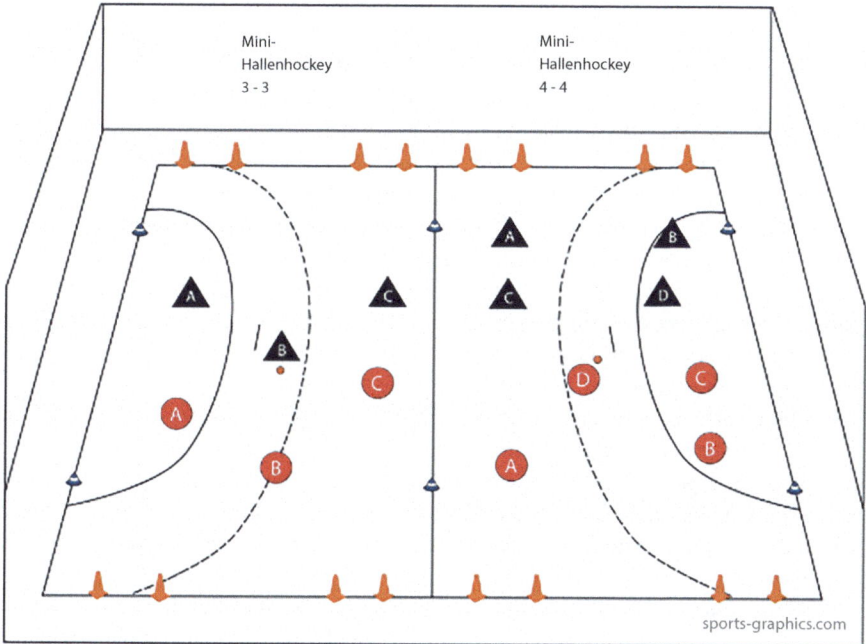

Abb. 6.9   3 vs. 3/ 4 vs. 4 im Mini-Hallenhockey

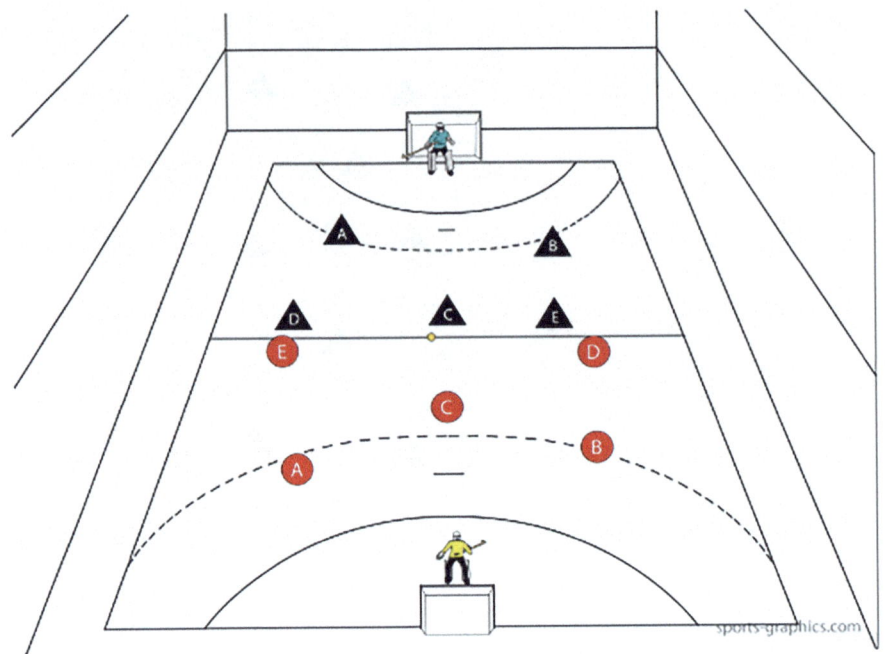

Abb. 6.10 Torwart*in + 5 im Hallenhockey

Je nach Ausführungspunkt (gewählt ist hier ein halblinker Ausführungspunkt) müssen die Mitspielenden je eine Passmöglichkeit nach links und eine nach rechts anbieten. Durch eine die Abwehr unmöglich machende breite Aufstellung kann der*die Gegenspielende entweder die Lücken zwischen sich schließen oder die Anspiele zum*zur linken oder rechten Verteidigenden verhindern.

Eine weitere Möglichkeit entsteht durch das Anlaufen der sogenannten Fenster/ Lücken durch die jeweilige mittlere, linke oder rechte Position (Abb. 6.12).

B spielt dann entweder die in der halblinken Spur entgegenlaufende mittlere Position E an oder besser, da risikoärmer, die rechte Position, die sich in der halb-rechten Spur freigelaufen hat und dann nach Ballan- und -mitnahme weiter auf die nach außen gewechselte mittlere Position E passen kann.

Abschlag zu mittleren und verteidigenden Positionen (Abb. 6.13): Ist das An-spielen der Sturmposition nicht möglich (fehlendes Freilaufverhalten der Stür-mer*innen oder gutes Deckungsverhalten der Gegenspieler*innen), d. h., ist all-gemein die Chance, den Ball an die Sturmposition zu bringen, zu gering, so muss der Ball als Selfpass gespielt werden oder der Abschlag muss an die Verteidigenden abgegeben werden.

Abschlag nach Grundlinienaus im Dreiviertelfeld-/Feldhockey. Abschlag im Viereraufbau: Aufgrund der praktizierten Manndeckung der gegnerischen Abwehr-spieler*innen in Schusskreisnähe und der Raumdeckung der gegnerischen Mittel-feld- und Angriffspositionen sind Abschläge direkt zu Sturmpositionen riskant. Die

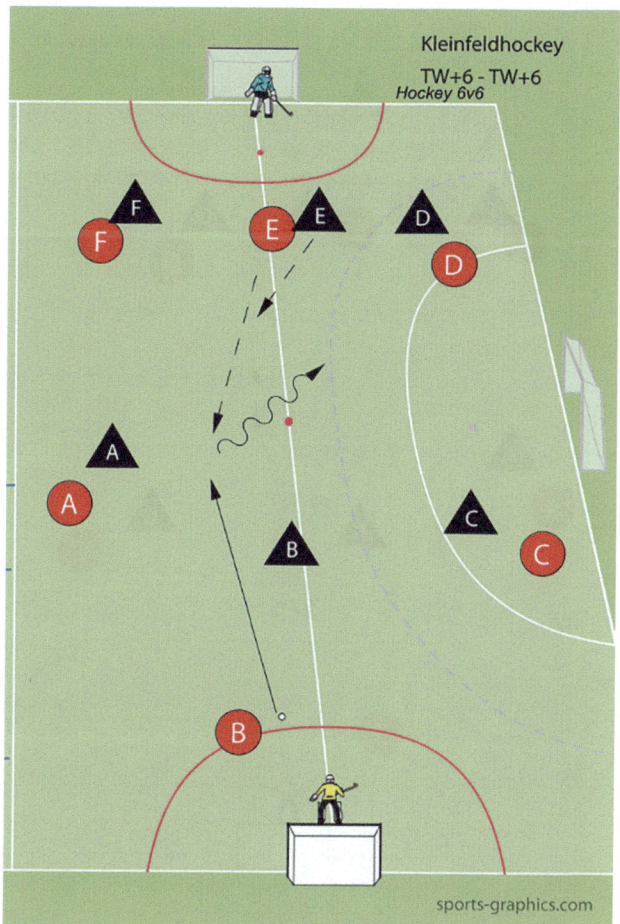

Abb. 6.11 Kleinfeldhockey-Abschlag direkt zu Sturmpositionen (1)

Sturmpositionen sollten nur dann direkt angespielt werden, wenn sie sich durch Freilaufen von den gegenspielenden Positionen gelöst haben oder die Gegenspieler*innen die Mann-/ Raumdeckung noch nicht wieder aufgenommen haben. Der Erfolg eines Abschlags direkt zu Sturmpositionen hängt auch von der Unterstützung der übrigen Spieler*innen ab. Die Aufgaben der einzelnen Spieler*innen verteilen sich dabei folgendermaßen:

Die ausführende Position (einer der innenverteidigenden Positionen) soll durch schnelles Zurechtlegen des Balls sowohl die Möglichkeit eines schnellen Passes als auch der Selfpass-Ausführung schaffen.

Ausführungsmöglichkeit 1: Die verteidigende Position B passt den Ball schnell auf A, die schnell auf F, G oder H weiter passen kann. Die gleiche Ausführungsform

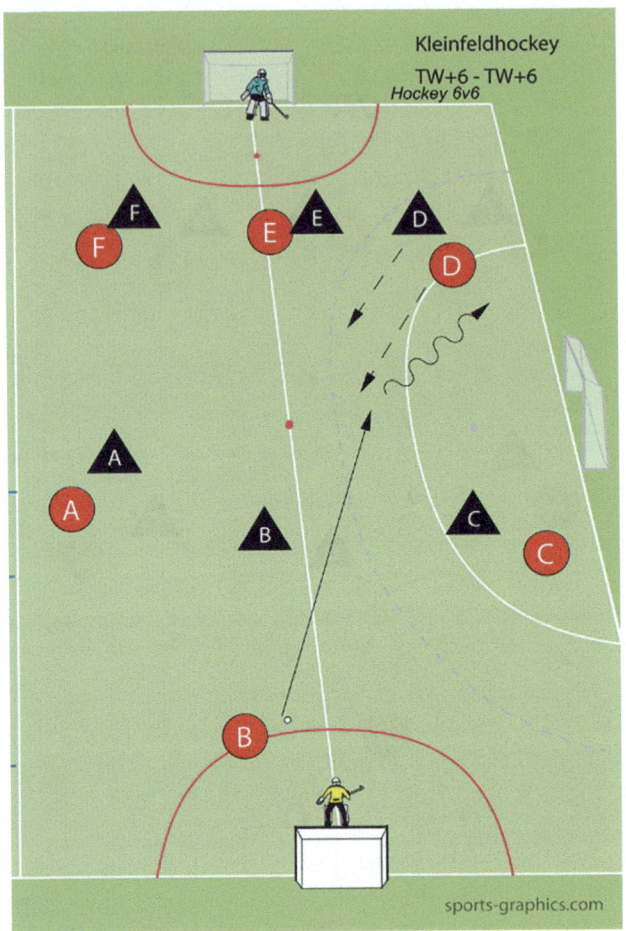

Abb. 6.12 Kleinfeldhockey-Abschlag direkt zu Sturmpositionen (2)

ergibt sich beim Spielen eines Passes durch die innenverteidigende Position C auf der rechten Angriffsseite (Abb. 6.14).

Ausführungsmöglichkeit 2: Bei einem Passspiel zwischen den innenverteidigenden Positionen B und C werden die zwischen den Gegenspielenden entstehenden Lücken für Passanspiele zu E und F ausgenutzt.

Abschlag im Dreieraufbau: Abschlagausführungen im Dreieraufbau ergeben sich in den meisten Fällen, wenn sich eine außenverteidigende Position nach vorne ins Mittelfeld absetzt und daraus ein Dreieraufbau entsteht.

B kann nun entweder den Ball sofort oder nach kurzer Selfpass-Ballführung zu D passen. Ist die Lücke zwischen $B_{Dreieck}$ und $C_{Dreieck}$ zu eng, passt B zu C, die nun wiederum auf die sich freilaufenden E (3a) oder G (3b) passen kann (Abb. 6.15).

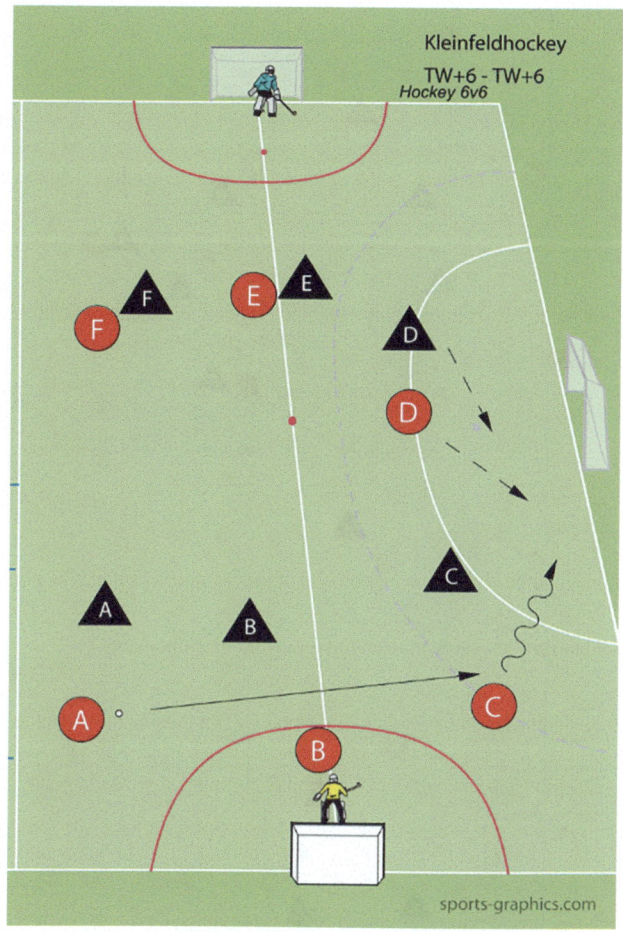

Abb. 6.13 Kleinfeldhockey-Abschlag zu verteidigenden und mittleren Positionen

Freischlag nach Foulspiel oder Seitenaus
Bedingt durch die in allen Spielfeldbereichen geltende Selfpass-Regel, können die Ausführungen zum Abschlag auch für Freischläge und Einschieben in der eigenen Spielfeldhälfte im Kleinfeldhockey sowie in allen Spielfeldvierteln außer dem Angriffsviertel im Dreiviertelfeld-/ Feldhockey Anwendung finden.

Freischläge **in der eigenen Spielfeldhälfte und im eigenen Viertel (Mittelfeld im Dreiviertelfeldhockey)** sollten so schnell wie möglich durch die nächststehende Position ausgeführt werden. Für Seitenausbälle sollte jeweils geprüft werden, ob eine schnelle Selfpass-Ausführung in Angriffsrichtung oder eine Verlagerung auf eine andere Angriffsspur die Gegner*innen überrascht und die ballbesitzende Mannschaft ballsicher kombinieren kann. Im Kleinfeldhockey kann eine Seiten-

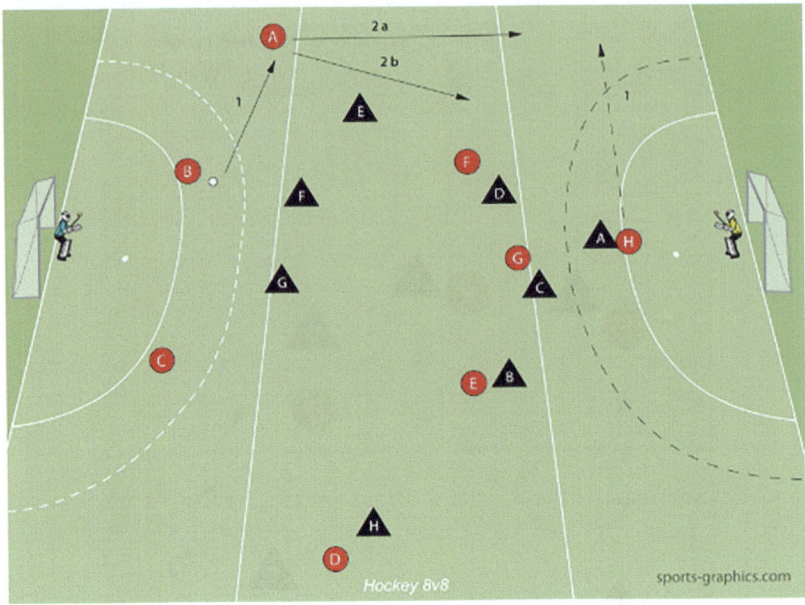

Abb. 6.14 Abschlag im Viereraufbau im Dreiviertelfeld-/ Feldhockey

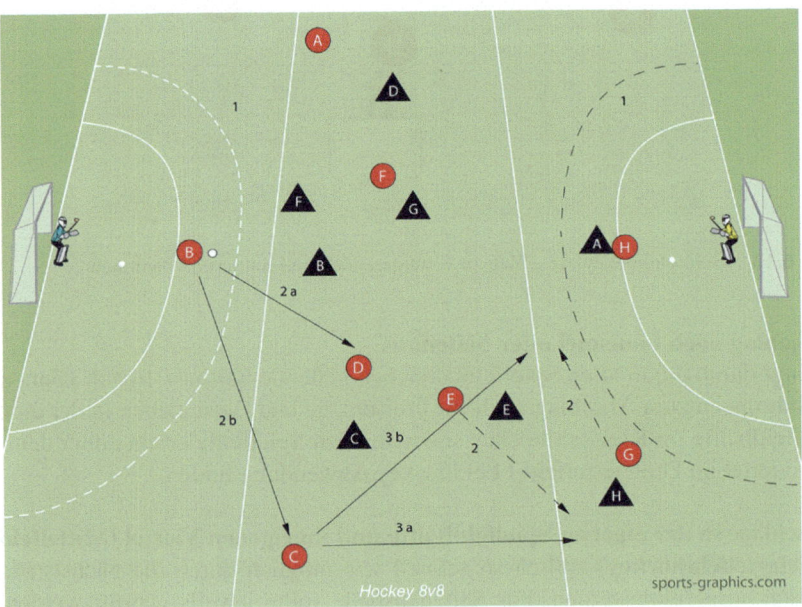

Abb. 6.15 Abschlag im Dreieraufbau im Dreiviertelfeld-/ Feldhockey

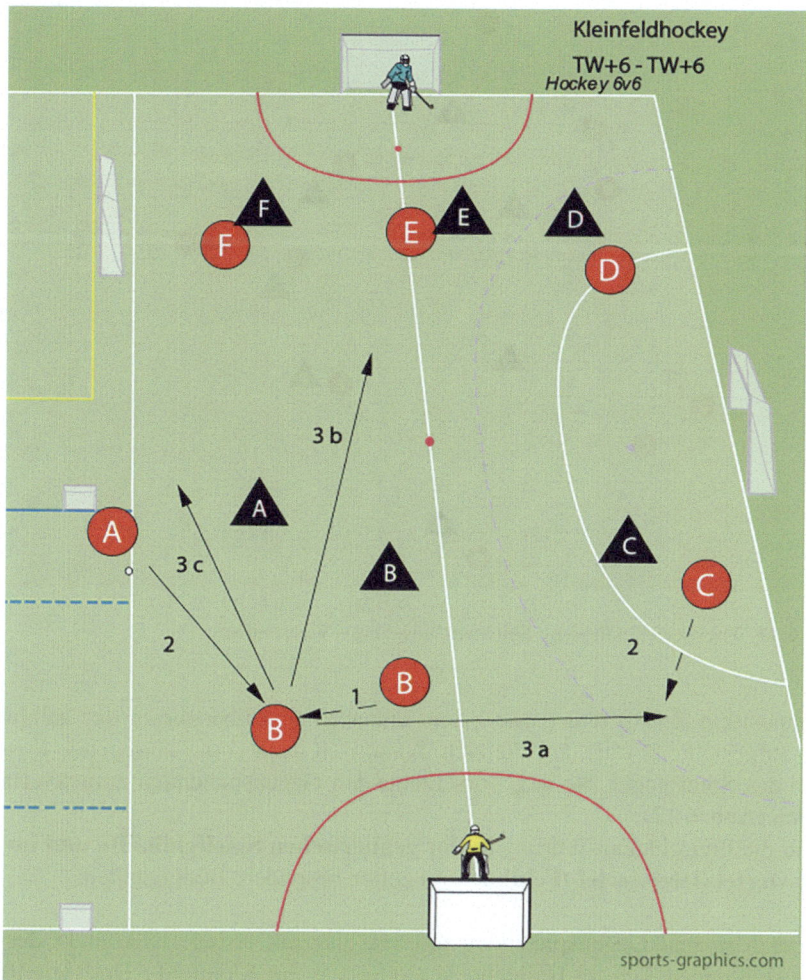

Abb. 6.16 Kleinfeldhockey-Seitenausfreischlag – Dreieraufbau

verlagerung von links nach rechts gespielt werden (Dreieraufbau). Dafür passt die ausführende Position A auf die sich in der halblinken Spur freilaufende Position B. B hat nun die Möglichkeit eines langen Querpasses auf C (3a) oder auf die Stürmerposition E (3b) oder auf die sich dynamisch nach vorne bewegende A (3c, Abb. 6.16).

Im Dreiviertelfeldhockey kann die Seitenverlagerung von links nach halbrechts gespielt werden. Hierfür passt die ausführende Position A auf die sich in der halbrechten Spur freilaufende C. C hat nun zum einen die Möglichkeit eines Passes auf der gleichen Spielfeldhälfte zum einen auf D (3a) oder auf die Mittelfeldposition/

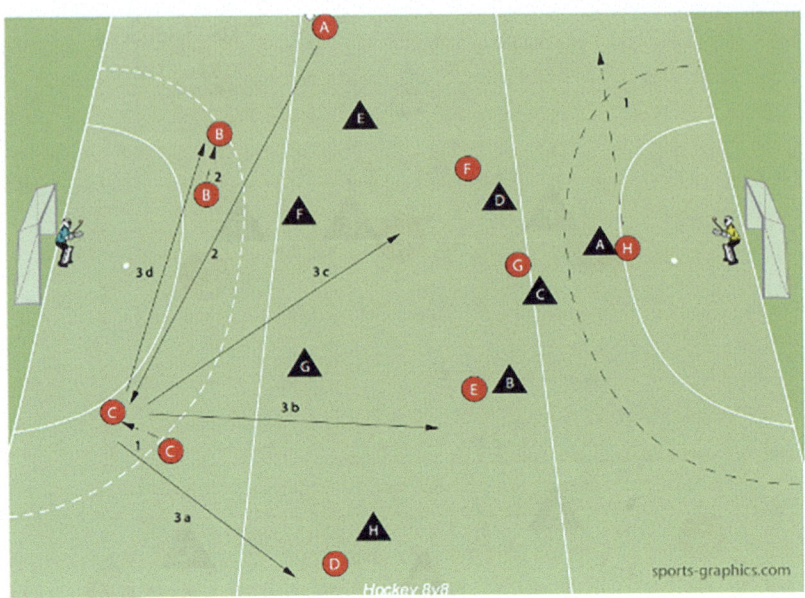

Abb. 6.17 Dreiviertelfeldhockey-Seitenausfreischlag – Viereraufbau

Sturmposition E (3b) und F (3c). Zum anderen kann über die in der halblinken Spur aufgestellte B (3d), auf die sich dynamisch nach vorne bewegende Position A (2) das Spiel gegen die sich verschiebenden Gegenspielenden zurückverlagert werden (Abb. 6.17).

Für die Freischlagausführung **in der gegnerischen Spielfeldhälfte und im Angriffsviertel (Dreiviertel-/Feldhockey)** gelten besondere Bedingungen:

- Alle Mit- und Gegenspielenden müssen bis zum ersten Ballkontakt des*der Ausführenden 3 m im Hallenhockey oder 5 m im Kleinfeld-/ Dreiviertelfeld-/ Feldhockey Abstand einnehmen
- Ein erster Pass darf im Hallenhockey bei einem Ausführungsort in der gegnerischen Spielfeldhälfte erst nach Bandenberührung (mindestens 3 m langer Pass vor der Bandenberührung) den Schusskreis erreichen oder nachdem der Ball 3 m gespielt/ geführt worden ist
- Ein erster Pass darf im Kleinfeldhockey bei einem Ausführungsort in der generischen Spielfeldhälfte erst den Schusskreis erreichen, nachdem der Ball 5 m gespielt/ geführt worden ist
- Ein erster Pass darf im Dreiviertelfeld-/ Feldhockey bei einem Ausführungsort im Angriffsviertel erst den Schusskreis erreichen, nachdem der Ball 5 m gespielt/ geführt worden ist

Für Freischläge dieser Art sollte jeweils geprüft werden, ob eine schnelle Selfpass-Ausführung ein Eindringen in den Schusskreis und damit ein Torschuss möglich ist.

Nachfolgend wird eine mögliche Ausführung im Angriffsviertel dargestellt. Diese Ausführungsart ist für beide Seiten anwendbar. Die Beschreibung erfolgt für einen Ausführungsort auf der linken Seite.

Die beiden Außensturmpositionen E und F binden ihre Gegenspielenden nahe der Grundlinie im Schusskreis. C und D halten sich zwischen Schusskreisrand und 7 m-Punkt auf und Position B steht noch völlig unbeteiligt in hinterer halbrechter Position. Mit plötzlichem Antritt starten die in der Mitte stehenden C und D nach links und öffnen dadurch der gleichzeitig aufs Tor startenden B eine Gasse. Die ballannehmende, angreifende Position B erhält knapp außerhalb des Schusskreises den Ball, kann entweder nach Eindringen in den Schusskreis auf das Tor schießen oder den anderen Innensturmpositionen den Ball zum Torschuss ab-/auflegen (Abb. 6.18).

Lange Ecke
Wird der Ball unabsichtlich durch die Spieler*innen der verteidigenden Mannschaft über die Grund-/ Torlinie gelenkt, so müssen die Angreifer*innen den Ball von der Mittellinie ins Spiel bringen von gegenüber dem Punkt parallel zur Seitenlinie, an dem der Ball das Spielfeld verlassen hat.

Die Ausführung erfolgt ähnlich den Freischlagausführungen in der gegnerischen Hälfte (siehe Abb. 6.19).

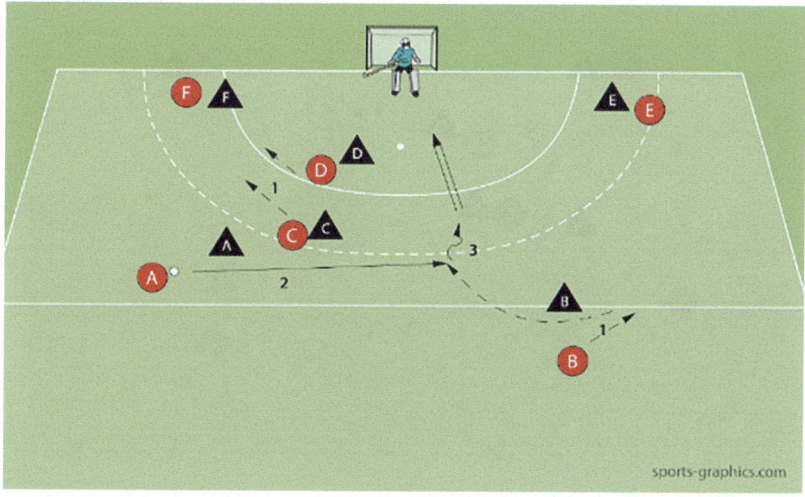

Abb. 6.18 Freischlag am Schusskreisrand im Kleinfeld-/ Dreiviertelfeld-/ Feldhockey

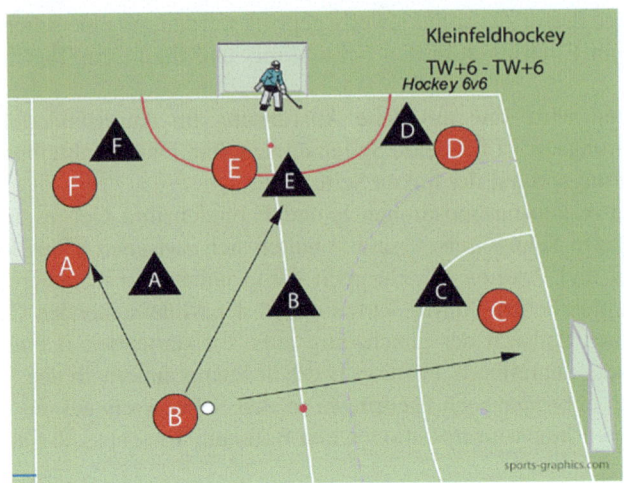

Abb. 6.19 Lange Ecke im Kleinfeldhockey

Im Dreiviertel- und Feldhockey bringt die angreifende Position den Ball bei der Langen Ecke von der Dreiviertellinie ins Spiel, seitlinienparallel zu dem Punkt, an dem der Ball das Spielfeld verlassen hat.

Die Ausführung erfolgt ähnlich den Freischlagausführungen im gegnerischen Angriffsviertel (siehe Abb. 6.20).

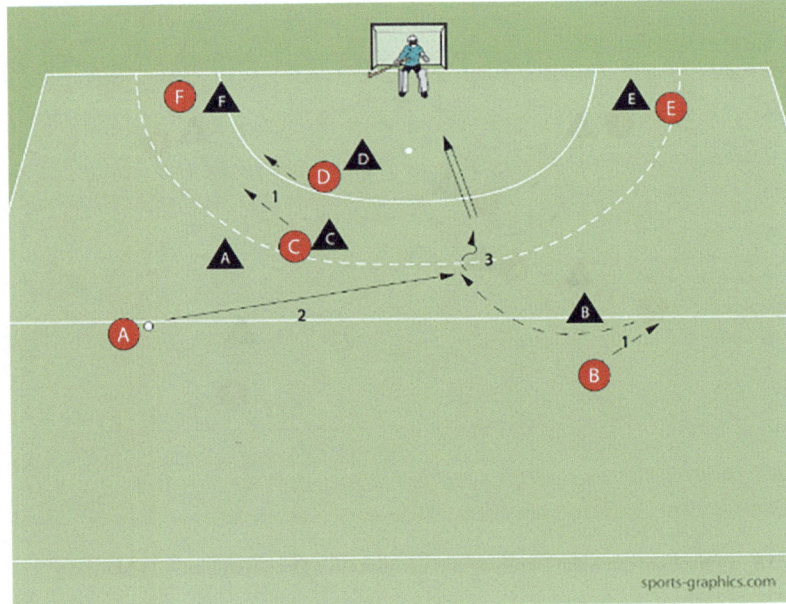

Abb. 6.20 Lange Ecke im Dreiviertelfeld-/ Feldhockey

Strafecke

Die angreifende Mannschaft erhält einen Strafeckenersatz oder eine Strafecke nach Fehlern der verteidigenden Mannschaft im Schusskreis. Der angreifenden Mannschaft soll durch die Standardsituation die entgangene Torschussgelegenheit zurückgegeben werden.

Ausgangslage: Bei der Aufstellung zur Strafecke müssen sich alle Spielenden außerhalb des Schusskreises befinden (Ausnahme: Die Position Rausgeber darf einen Fuß im Schusskreis haben). Die Angreifenden stehen am Schusskreisrand; die Position Rausgeber steht auf einer Seite des Tores an der Grundlinie. Die Verteidigenden (inkl. Torhüter*in) stehen hinter der Grundlinie im Tor. Alle weiteren Abwehrspielenden müssen sich an die übernächste Linie des Spielfeldes beziehungsweise im Kleinfeldhockey in den gegnerischen Schusskreis stellen. Mit der Hereingabe des Balls dürfen sich alle Spielenden ohne Einschränkung bewegen. Der Ball muss den Schusskreis mindestens einmal verlassen haben, damit die Angreifenden ein Torschussrecht erhalten. Ein geschlagener/ geschrubbter Strafeckentorschuss darf nur in Torbretthöhe (46 cm) im Tor eintreffen. Ein geschlenzter Strafeckentorschuss darf in beliebiger Höhe das Tor erreichen. Nach der Ballberührung eines Abwehrspielenden darf der Ball in beliebiger Höhe das Tor erreichen.

Standardausführung Angriff: A spielt (schiebt/ schrubbt/ schlägt) den Ball zu B. B nimmt den Ball außerhalb des Schusskreises an, legt den Ball in den Schusskreis vor und schießt (schiebt/ schrubbt/ schlägt/ schlenzt) auf das Tor. B kann den Ball sofort auf das Tor schießen oder an Mitspielende passen.

Standardausführung Abwehr: Die verteidigende Mannschaft darf dann ins Feld eindringen, sobald der Ball durch die Position Rausgeber die Grundlinie verlassen hat. Die Verteidigungsstrategie hängt stark von der Taktik des jeweiligen Teams ab.

Beispiel

Beispiel für eine Verteidigungsstrategie: Der*die Torhüter*in läuft i. d. R. 2–3 m vor das Tor. $A_{Dreieck}$ läuft als erste Welle so auf die Position A zu, dass die Schlägerfläche sich, nur mit der rechten Hand gehalten dicht am Knauf, möglichst senkrecht seitlich neben dem Körper in der Schussrichtung befindet. $B_{Dreieck}$ läuft als zweite Welle mit linkshändig Rückhand gehaltenem Schläger oder rechtshändig Vorhand gehaltenem Schläger auf den abgespielten Ballweg 3a. $C_{Dreieck}$ sichert die lange Torecke und spielt/ führt die von dem*der Torhüter*in abprallenden Bälle aus dem Schusskreis und läuft erforderlichenfalls auf den abgespielten Ballweg 3b. $D_{Dreieck}$ sichert die kurze Torecke, spielt/ führt die von dem*der Torhüter*in abprallenden Bälle aus dem Schusskreis und läuft erforderlichenfalls auf den abgespielten Ballweg 3c zurück zur Position Rausgeber (Abb. 6.21). ◄

Strafeckenausführung Angriff mit speziellem Schlägerstopp: Mit der Voraussetzung einer genauen Rausgabe kann mit speziellen Schlägerstopptechniken der Ball für die Position Schütze vorgestoppt werden. Die Schlägerstopptechnik mit

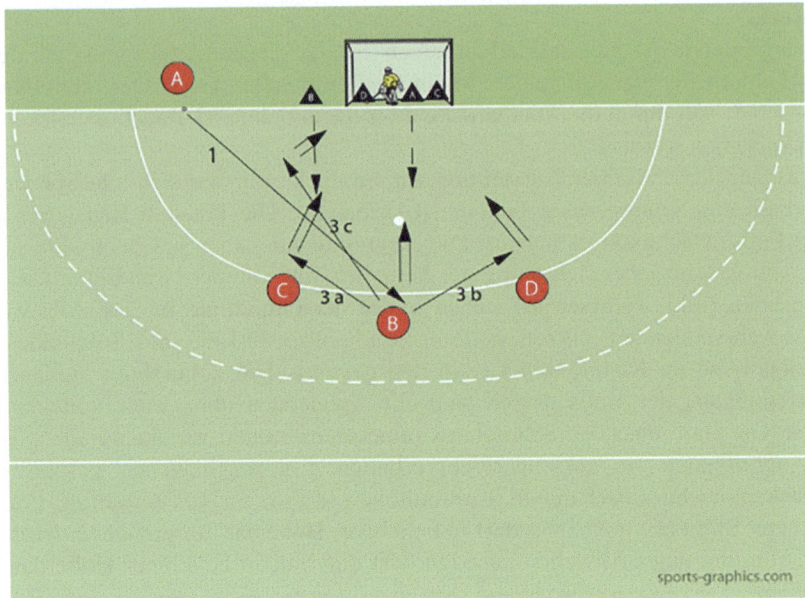

Abb. 6.21 Strafeckenausführung und -abwehr im Dreiviertelfeld-/ Feldhockey. Anmerkung: Für eine bessere Übersicht ist B$_{Dreieck}$ neben dem Tor eingezeichnet. Die Position kann ebenfalls aus dem Tor starten

zwei Griffvarianten ist in Abb. 6.22 dargestellt. Dabei kann die Handgrifffläche der linken Hand entweder hinter dem Auftreffdruck des ankommenden Balls (a) oder mit den Finger nach vorne zeigend am Schläger liegen (b).

Abb. 6.22 a, b Schlägerstopp bei Strafecke mit der linken Hand hinter (a) oder vor dem Schläger (b)

A spielt (gezogener Vorhandschiebepass) den Ball zu B. B nimmt den Ball außerhalb des Schusskreises an, legt entweder in den Schusskreis vor oder lässt den Ball für C außerhalb des Schusskreises liegen. C beginnt während des Stoppvorgangs von B mit ihren*seinen Anlaufschritten und bringt sich in Seitstellung zum Ball. Liegt der Ball außerhalb des Schusskreises, schiebt/ zieht die Person den Ball in den Schusskreis und schießt (Flach-/Hochschlenzer) auf das Tor. Legt B den Ball in den Schusskreis vor, schlägt C den Ball (maximale Höhe 46 cm) auf das Tor.

Als Variation kann C den Torschuss antäuschen und B spielt währenddessen den Ball auf D (3a) oder E (3b) oder zur entgegenlaufenden A (3c), die dann jeweils auf das Tor schießen (Abb. 6.23).

Strafeckenersatz & Penalty
Wegen der Variationen der Spielfeldräume (7 m-Torschusszone im Mini-Feldhockey, 9 m-Schusskreis im Hallenhockey, 14,63 m-Schusskreis im Kleinfeld-, Dreiviertelfeld- und Feldhockey) und der Regeln zum Spielen des Balls ergeben sich unterschiedliche Ausführungsformen des Strafeckenersatzes in den einzelnen Spielformen im Nachwuchsbereich (U8 bis U12). Eine nach Komplexitätssteigerung geordnete Folge ist:

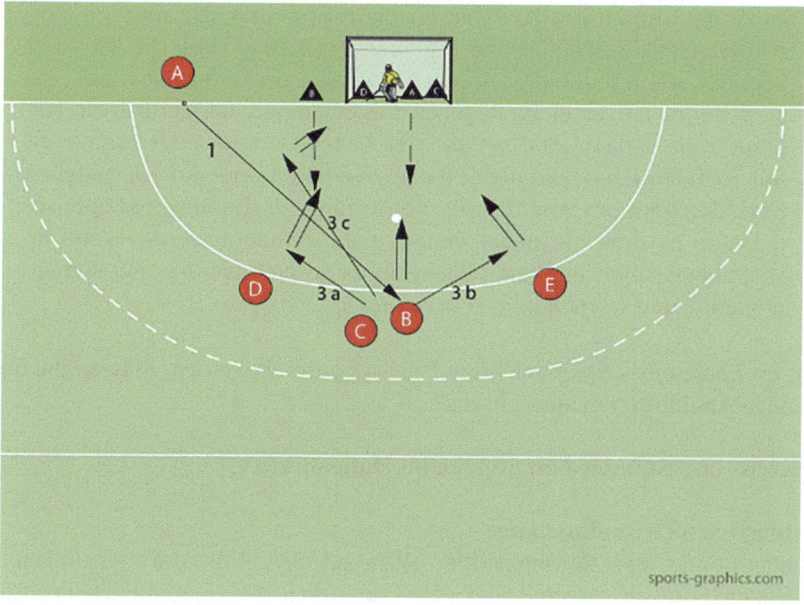

Abb. 6.23 Strafeckenausführung mit speziellem Schlägerstopp und Strafeckenabwehr im Dreiviertelfeld-/ Feldhockey. Anmerkung: Für eine bessere Übersicht ist $B_{Dreieck}$ neben dem Tor eingezeichnet. Die Position kann ebenfalls aus dem Tor starten

- Mini-Feldhockey 4 vs. 4/ 3 vs. 3 und Mini-Hallenhockey 4 vs. 4/ 3 vs. 3
- Freier Torschuss auf der Torschusszonenlinie auf eines der Mini-Tore
- Penalty light

Penalty. Beide Teams stehen an der Mittellinie. Der*die Schiedsrichter*in platziert den Ball in 5 m Entfernung (Kleinfeldhockey) bzw. in 3 m Entfernung (Hallenhockey) mittig vor den Schusskreis. Der*die Torhüter*in steht hinter der Torlinie und die ausführende Position am Ball. Auf Pfiff hat die ausführende Position 8 s Zeit, um in den Schusskreis einzudringen und ein gültiges Tor zu erzielen. Nach erstmaliger Ballberührung durch den*die Angreifer*in darf der*die Torhüter*in sich beliebig im Schusskreis zur Torschussabwehr bewegen. Der Penalty ist beendet, wenn der*die Angreifende ein Tor erzielt oder einen Regelverstoß begeht; wenn der Ball den Schusskreis verlässt oder durch den*die Torhüter*in über die Grund- oder Torlinie gespielt wird, ohne dass ein neuer Penalty verhängt oder ein Tor gegeben wird, der Zeitraum von 8 s abgelaufen ist, ein 7 m gegeben oder ein neuer Penalty verhängt wird.

▶ **Tipp** Penalty light: Es spielen eine angreifende Position vs. eine verteidigende Position. Der*die Schiedsrichter*in platziert den Ball auf der Mittellinie mittig zwischen den zwei Toren. Die verteidigende Position steht auf der Torauslinie mittig zwischen beiden Toren. Die angreifende Position hat 10 s Zeit für die Ausführung. Als zulässige Torschusstechnik ist lediglich das Schieben des Balls erlaubt. Die Aktion ist beendet, wenn durch die angreifende Person ein Tor erzielt wurde, die angreifende Person einen Regelverstoß begangen hat, der Ball die Torschusszone verlässt, der Ball über die Seiten-, Grund- oder Torlinie ins Aus rollt, ohne dass ein neuer Penalty verhängt oder ein Tor gegeben wird, der Zeitraum von 10 s für die Ausführung des Penalty lights abgelaufen ist oder ein neuer Penalty light verhängt wurde. Wenn im Laufe eines Spiels mehrere Penalty lights gespielt werden, müssen angreifende und verteidigende Positionen rotieren.

Wenn im Laufe eines Spiels mehrere Penaltys gespielt werden, müssen die durchführenden Angreifer*innen wechseln.

2) **Kreis- und Standardsituationen im Hallenhockey**

Abschlag nach Grundlinienaus
Abschlag direkt zur Sturmposition: Während der Ball von der linken verteidigenden Position zurechtgelegt wird, versuchen die angreifenden Positionen, sich durch Freilaufaktionen im gegnerischen Schusskreis bzw. in Schusskreisnähe günstige Anspielsituationen zu schaffen. In diesem Moment spielt die verteidigende Position den Pass mit oder ohne Hilfe der Bande zur entgegenlaufenden Sturmposition (Abb. 6.24). Nach erfolgtem Pass kann durch schnelles Nachsetzen

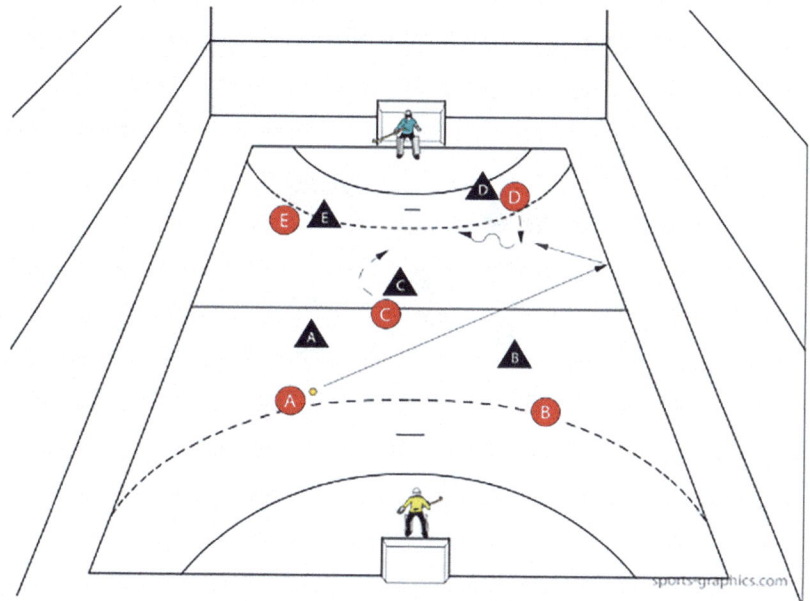

Abb. 6.24 Hallenhockeyabschlag direkt zur Sturmposition

des*der Mitspielenden bzw. des*der Verteidigenden das Ziel, nämlich das Einleiten einer Kombination – evtl. Einleiten eines Überzahlangriffs – erreicht werden.

Abschlag zu mittelspielenden und verteidigenden Positionen – Ausführungsmöglichkeit 1: In der gezeigten Aufstellung in Abb. 6.25 passt A zu B. Gleichzeitig startet C in Richtung des eigenen Tores. Mit Doppelpass von B zu C wird die Überzahl erreicht.

Abschlag zu mittelspielenden und verteidigenden Positionen – Ausführungsmöglichkeit 2: C startet auf die B entfernte Seite und öffnet so den Raum hinter $B_{Dreieck}$. A passt zu B. B spielt einen Doppelpass mit der rechten Bande und erreicht eine Überzahl (Abb. 6.26).

Freischlag nach Foulspiel oder Seitenaus
Bei einem Ausführungspunkt nahe der rechten Bande stellt sich die verteidigende Position E möglichst nah an die linke Bande, um dort die gegenspielende Position E zu binden. Die verteidigende Position A passt den Ball mit einem mindestens 3 m-Pass vor der Bandenberührung an die rechte Bande zu D. Position B und C stehen nebeneinander am Schusskreisrand deutlich in der halblinken Spur. Die Tatsache, dass bei einer Manndeckung die abwehrenden Positionen dicht hinter den angreifenden Positionen stehen, macht sich die weiter links stehende angreifende Position B zunutze, indem sie hinter der angreifenden Position C vorbei in die Mitte läuft und den weich an den Schusskreis gespielten Ball knapp

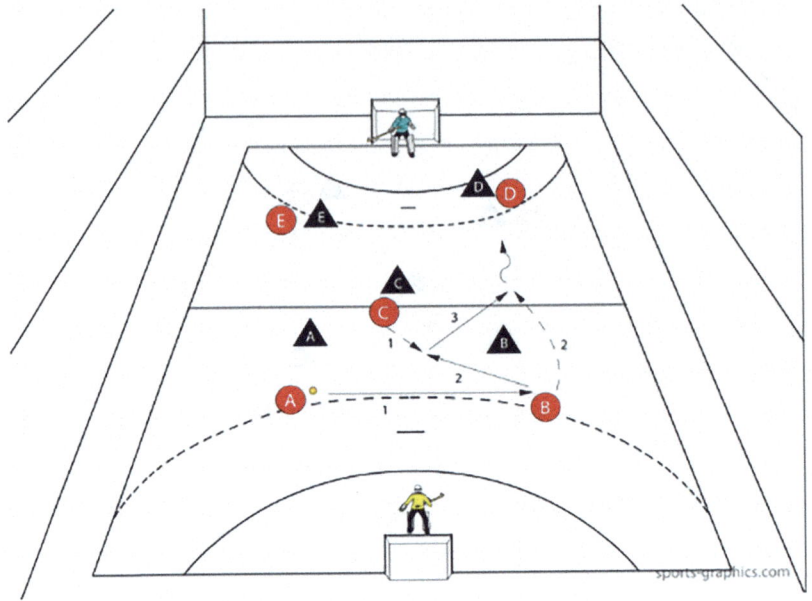

Abb. 6.25 Abschlag zu mittelspielenden und verteidigenden Positionen (1)

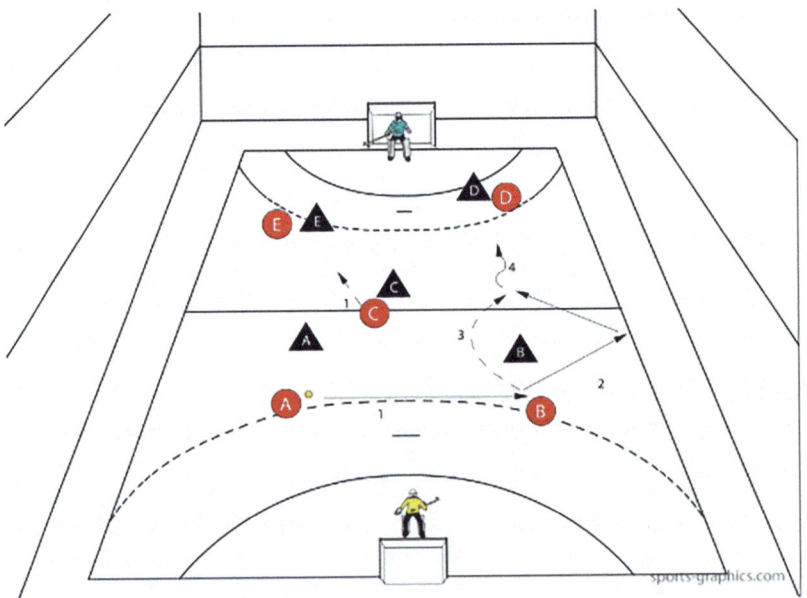

Abb. 6.26 Abschlag zu mittelspielenden und verteidigenden Positionen (2)

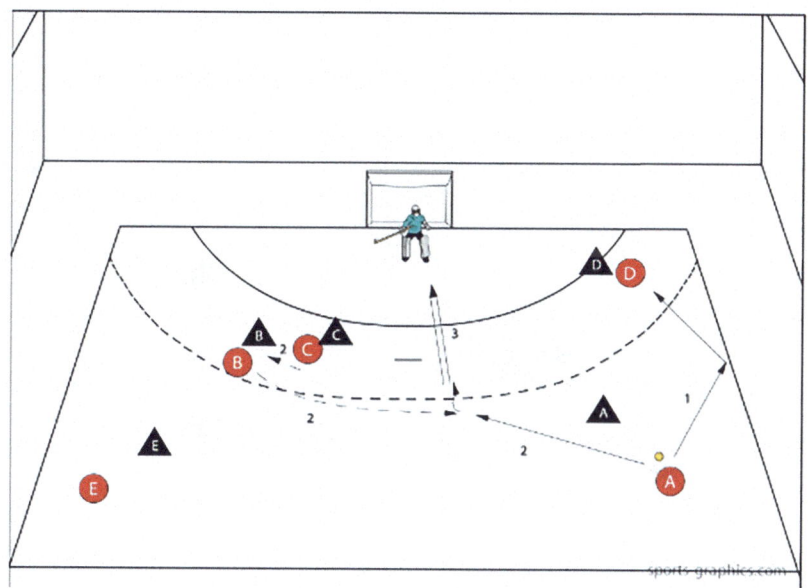

Abb. 6.27 Freischlag gegnerische Spielfeldhälfte Hallenhockey

außerhalb des Schusskreises annimmt, in den Schusskreis zieht und aufs Tor schiebt oder schlenzt (Abb. 6.27). Der manndeckenden Position wird durch die angreifende Position C und dessen Verteidigenden das Nachsetzen erschwert.

Lange Ecke
Wird der Ball unabsichtlich durch die Spieler*innen der verteidigenden Mannschaft über die Grund-/ Torlinie gelenkt, so müssen die angreifenden Positionen den Ball von der Mittellinie ins Spiel bringen von gegenüber dem Punkt parallel zur Seitenbande, an dem der Ball das Spielfeld verlassen hat.

Die Ausführung erfolgt ähnlich wie die Freischlagausführungen in der gegnerischen Hälfte (Abb. 6.28).

Strafecke
Ausgangslage: Bei der Aufstellung zur Strafecke im Hallenhockey müssen sich alle Spielenden außerhalb des Schusskreises befinden (Ausnahme: Die Position Rausgeber darf einen Fuß im Schusskreis haben). Die Angreifenden stehen am Schusskreisrand; die Position Rausgeber steht auf einer Seite des Tores an der Grundlinie. Die Verteidigenden stehen, mit Ausnahme der*des Torhüter*in, hinter der Grundlinie neben dem Tor. Es wird immer die Seite gewählt, auf welcher der Ball nicht herausgegeben wird. Es dürfen sich bis zu vier Abwehrspielende entgegen der Ausführungsseite der Angreifenden neben dem Tor hinter der Grundlinie aufstellen. Der*die fünfte Abwehrspielende muss sich im gegnerischen

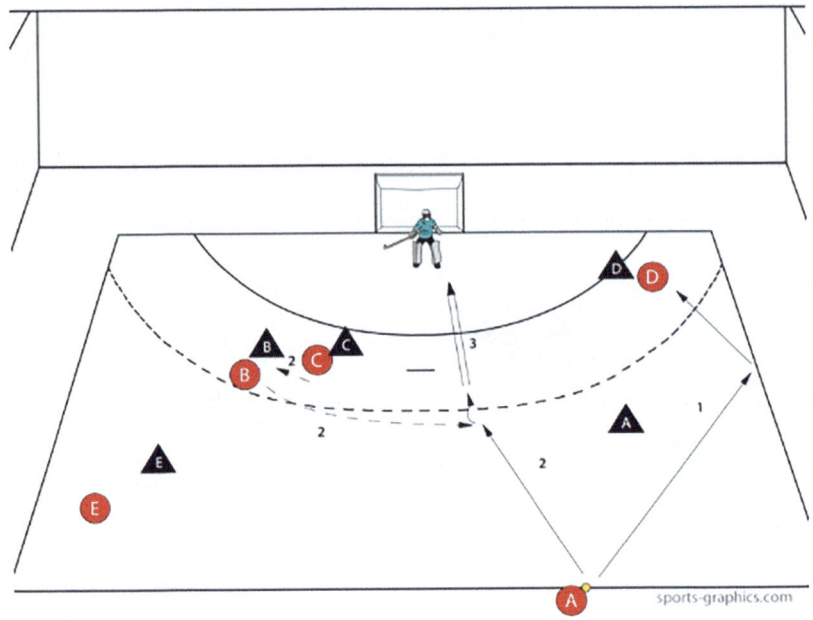

Abb. 6.28 Lange Ecke im Hallenhockey

Schusskreis aufstellen. Mit der Hereingabe des Balls dürfen sich alle Spielenden ohne Einschränkung bewegen. Der Ball muss den Schusskreis mindestens einmal verlassen haben, damit die Angreifenden ein Torschussrecht erhalten. Ein geschobener/ geschlenzter Strafeckentorschuss ist erlaubt.

▶ **Tipp**
   Die wichtigste Entscheidung bei der Abwehr der Strafecke trifft den*die Torhüter*in, bevor die Abwehr ihre Aufstellung einnimmt. Es muss entschieden werden, ob der*die Torhüter*in entweder im Tor bleibt oder der Position Schütze entgegen aus dem Tor herausläuft. Diese Entscheidung ist unabhängig davon, ob die gegenspielende Position Schütze zu erkennen gibt, dass sie Schläger- bzw. tiefes Schlägerstoppen anwenden will. In jedem Fall muss der*die Torhüter*in seine*ihre Entscheidung den übrigen Spielenden mitteilen, ohne dass die Gegenspielenden Kenntnis davon erhalten. Wichtig ist weiterhin, dass die Position Schütze keine Schlüsse aus der Startaufstellung des*der Torhütenden über dessen*deren folgende Abwehrverhalten ziehen kann.

   Oberstes Prinzip bei der Abwehr ist, dem*der Torhüter*in freie Sicht zu lassen, d. h. möglichst keine Laufwege von anderen Abwehrspielenden zwischen der Position Schütze und dem*der Torhüter*in festzulegen. Primäre Aufgabe der Abwehrspielenden ist es, die Angreifenden unter Zeitdruck zu setzen und damit einen Torschuss zu verhindern oder die Angreifenden zu unüberlegtem Handeln zu zwingen. Die Aufgabe des Ballabfangens sollte dem*der durch die Schutzkleidung dafür ausgerüsteten Torhüter*in vorbehalten bleiben.

Standardausführung Angriff: A als rausgebende Position schiebt den Ball aus einer tiefen Seitstellung möglichst ohne erkennbaren Ansatz zu B. B stoppt den Ball in tiefer Körperhaltung (Knie gebeugt, Oberkörper möglichst aufrecht) knapp außerhalb des Schusskreises so zum Tor stehend vor dem rechten Fuß, dass mit dem Stoppen durch das Vorsetzen des linken Fußes eine Seitstellung zum Ball (linke Schulter zeigt zum Tor) entsteht (Abb. 6.29). Mit Erreichen der Seitstellung und dem kurzen Vorlegen des Balls in den Schusskreis wird sofort aufs Tor geschossen.

Standardausführung Abwehr: Die verteidigende Mannschaft darf dann ins Feld eindringen, sobald der Ball durch die Position Rausgeber die Grundlinie verlassen hat. Die Verteidigungsstrategie hängt stark von der Taktik des jeweiligen Teams ab.

Beispiel

Beispiel für eine Verteidigungsstrategie (Variante 1, Torhüter*in bleibt im Tor): $A_{Dreieck}$ startet in Richtung auf B und versucht, diese*n am Torschuss zu hindern. $B_{Dreieck}$ macht einige Schritte ins lange Toreck, um den*die Torhüter*in bei der Abwehr zu unterstützen. $C_{Dreieck}$ läuft mit $A_{Dreieck}$ gleichzeitig in das Spielfeld hinein. Schießt B nach dem Stoppen des Balls auf das Tor, verbleibt $C_{Dreieck}$ links neben $A_{Dreieck}$ (Laufweg 3a). Spielt B nach dem Stoppen den Ball an C

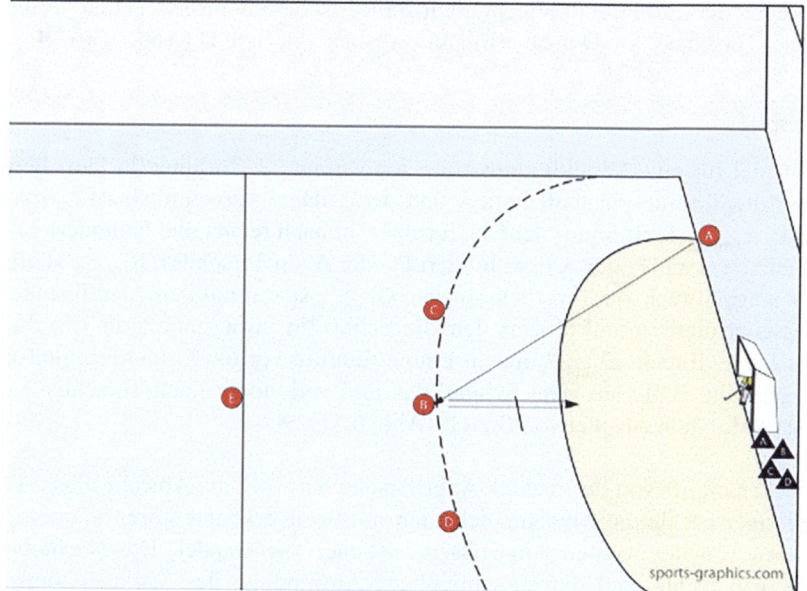

Abb. 6.29 Strafecke – Standardausführung im Hallenhockey

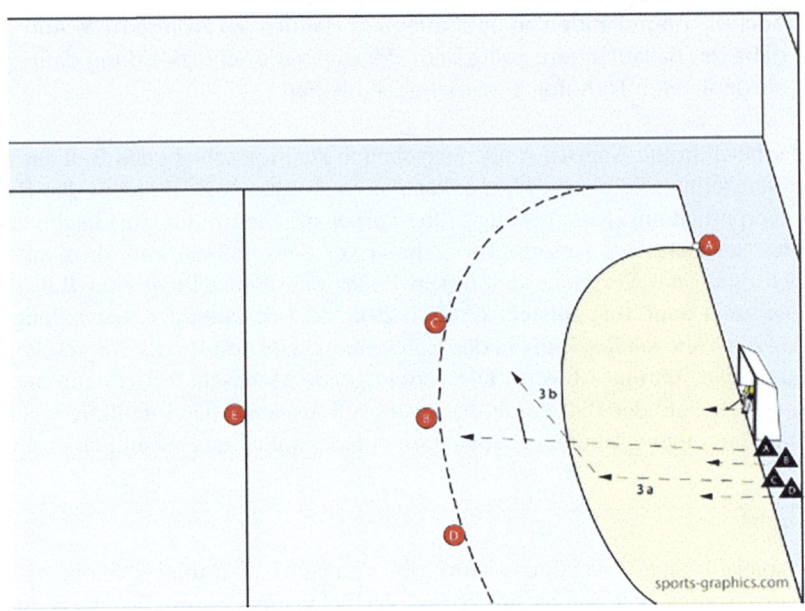

Abb. 6.30 Abwehr der Standardausführung – Variante 1, Torhüter*in bleibt im Tor

oder A, hat C$_{\text{Dreieck}}$ die Aufgabe, diese Positionen am Torschuss hindern (Lauf-weg 3b). D$_{\text{Dreieck}}$ macht einige Schritte vor die Grundlinie und spielt/ führt die an dem*der Torhüter*in abgeprallten Bälle aus dem Schusskreis und verhindert einen Torschuss von D nach erfolgtem Abspiel von B zu D (Abb. 6.30). ◀

Beispiel

Beispiel für eine Verteidigungsstrategie (Variante 2, Torhüter*in läuft heraus): Der*die Torhüter*in läuft heraus und deckt dabei vornehmlich das kurze To-reck. A$_{\text{Dreieck}}$ läuft hinter den*dieTorhüter*in nach rechts und behindert ein Ab-spiel von C zu D oder A bzw. hindert D oder A am Torschuss. B$_{\text{Dreieck}}$ stellt sich ins lange Toreck zur Torschussabwehr. C$_{\text{Dreieck}}$ startet mit dem*der Torhüter*in, begleitet diese*n und hindert den*die Schütz*in insbesondere an Torschüssen ins lange Toreck. D$_{\text{Dreieck}}$ macht einige Schritte vor die Grundlinie und spielt abgeprallte Bälle aus dem Schusskreis und verhindert einen Torschuss von E nach erfolgtem Abspiel von B zu E (Abb. 6.31). ◀

Strafeckenangriff von der rechten Angriffsseite: Obwohl die Abwehr dieser Ecken schwieriger ist, da die Abwehrspielenden mit der Rückhand stören müssen, wird die Ecke von der rechten Angriffsseite seltener angewendet. Die Nachteile der Ecken von rechts sind die ausschließliche Anwendung des Schlägerstopps und

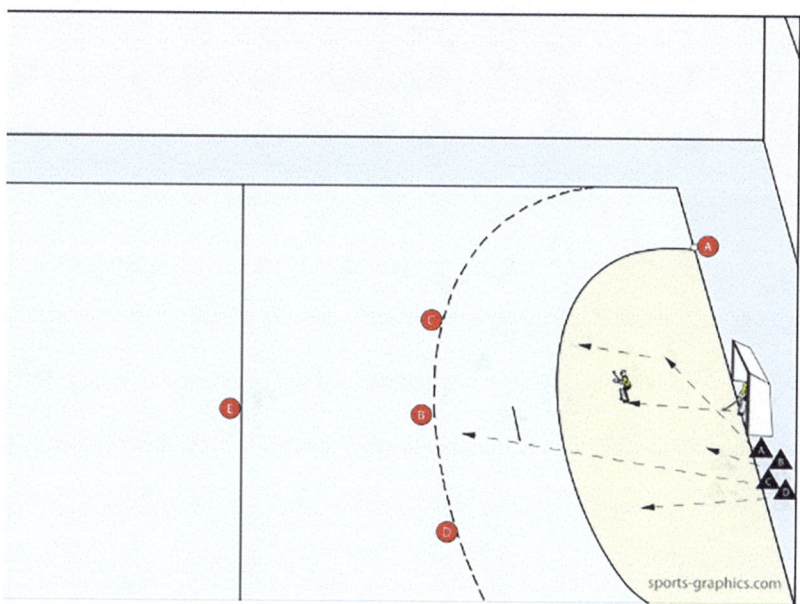

Abb. 6.31 Abwehr der Standardausführung – Variante 2, Torhüter*in läuft heraus

weniger Erfolg versprechende Variationsmöglichkeiten. Bei dieser Eckenvariante spielt A den Ball herein, B stoppt mit dem Schläger und schießt oder spielt auf C ab, die*der dann direkt schießt. Alternativ kann A auf C spielen. Der Torschuss kann anschließend von der Position aus direkt oder wiederum abgespielt auf B erfolgen.

Bei der Entscheidung für eine Eckentaktik sollte eine Mannschaft grundsätzlich mehrere Ausführungsformen trainieren, um variabel die geeignete auswählen zu können. Die Spieler*innen sollten hierbei in der Lage sein, die verschiedenen Positionen einzunehmen.

Strafeckenabwehr von der rechten Angriffsseite: Wegen der ungünstigen Störmöglichkeiten der herauslaufenden Abwehrspieler*innen ist hier immer die Abwehr mit dem*der herauslaufenden Torhüter*in sinnvoll. Der*die Torhüter*in geht 2–3 m vor das Tor in den Schusswinkel vor B. $A_{Dreieck}$ läuft hinter den*die Torhüter*in mit auf der Vorhand gehaltenem Schläger links an B vorbei. $B_{Dreieck}$ geht auf die Linie. $C_{Dreieck}$ läuft mit dem auf der Rückhand gehaltenen Schläger rechts an B vorbei oder versucht, mit dem auf der Vorhand gehaltenen Schläger mit demselben Laufweg den Pass von B zu C zu verhindern. Gegen sehr schnelle Angriffsausführungen ist es nur möglich, mit dem auf der Rückhand gehaltenen Schläger rechts an C vorbeizulaufen (Abb. 6.32). $D_{Dreieck}$ macht einige Schritte vor die Grundlinie und spielt/ führt die abgeprallten Bälle aus dem Schusskreis.

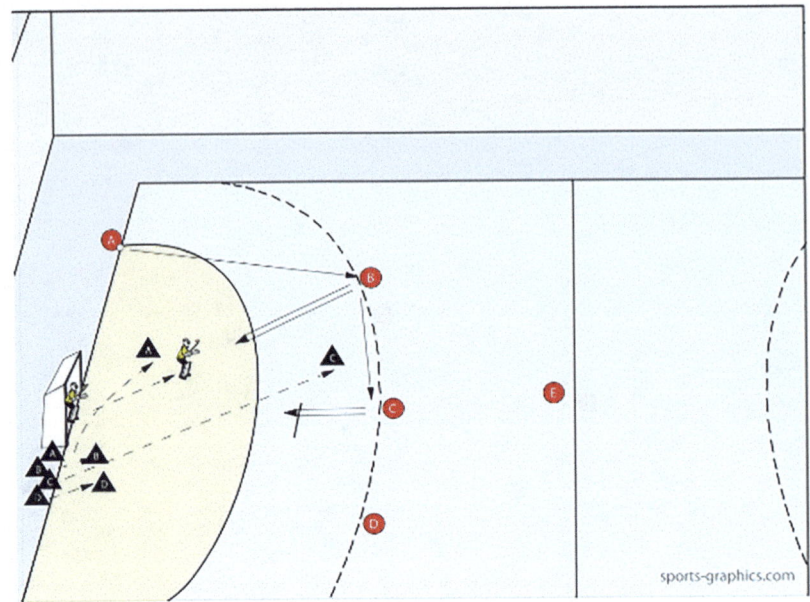

Abb. 6.32 Strafeckenangriff und -abwehr von der rechten Angriffsseite

Strafeckenersatz & Penalty

Der Ersatz für eine Strafecke (Penalty light und Penalty) wird im Hallenhockey nahezu identisch zu den Varianten im Feldhockey durchgeführt. Unterschiede sind, dass angreifende Spielende 3 m vor dem Schusskreis starten und dass die Spielenden bei Ausführung eines Penaltys in der Halle lediglich 6 s Zeit haben, um in den Schusskreis einzudringen und ein gültiges Tor zu erzielen.

Die Schulung spezifischer Standardsituationen wird primär durch das Ausspielen von spielnahen Szenarien realisiert. Um taktische Grundprinzipien zu erlernen und zu verstehen, eignen sich besonders Spielformen (SSG, Enrich 2020). Nachfolgend sind zwei SSG exemplarisch dargestellt.

Small-Sided Game: Dritte*r Spieler*in

Lernziele	Mit Ballbesitz: Schulung der Nutzung des Spielfeldes (Tiefe) und des Eindringens in den Schusskreis, Spiel zum*zur dritten Mitspielenden Ohne Ballbesitz: Ballsicherung nach außen nach Ballgewinn in der Verteidigungsebene
Schwierigkeitslevel	1 2 3 4 **5**

Anzahl Spieler*innen	9 Teilnehmende pro Spielfeld
Zeitlicher Rahmen	15 min (Belastungszeit 2 × 4,5 min)
Spielfeld	Hallen-Spielfeld (alternativ Kleinfeld); jeweils vor den Schusskreisen werden Jokerzonen (4 × 4 m) mit vier Markierungen aufgebaut
Material	• 1 Schläger pro Spieler*in • 1 Hockeyball • 2 × 4 gleichfarbige Bodenmarkierungen zur Markierung der offensiven Jokerzone
Übungs- und Spiel-beschreibung	Level 1: Es wird ein Spiel im 4 vs. 4 über das gesamte Spielfeld gespielt. Es darf sich max. ein Joker in der offensiven Jokerzone befinden. Das Anspiel des Jokers ist jederzeit erlaubt; der Joker darf in der Jokerzone nicht angegriffen werden (Abb 6.33).
Möglichkeiten der Differenzierung	Level 2: Der Joker darf die Jokerzone nach Ballerhalt verlassen und wird durch eine*n Mitspielenden ersetzt. Level 3: Der Joker darf auch ohne Ballerhalt wechseln.

Dritte*r Spieler*in

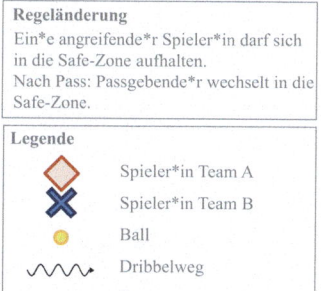

Regeländerung

Ein*e angreifende*r Spieler*in darf sich in die Safe-Zone aufhalten.
Nach Pass: Passgebende*r wechselt in die Safe-Zone.

Legende

◇ Spieler*in Team A

✕ Spieler*in Team B

● Ball

〜〜 Dribbelweg

→ Passweg

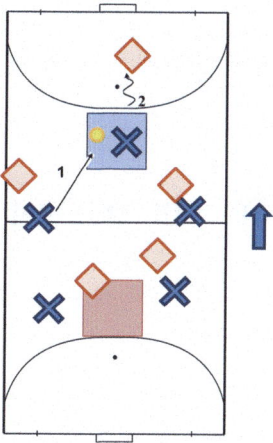

Abb. 6.33 Aufbau Spielform *Dritte*r Spieler*in*

Small-Sided Game: Spiel in den Außenspuren

Lernziele	Mit Ballbesitz: Schulung der Nutzung der Außenspuren (Breite) und des Eindringens in den Schusskreis, Schulung des Give-&-Go, Kommunikation (!) Ohne Ballbesitz: Ballgegner*innenorientierte Deckung
Schwierigkeitslevel	1 2 **3** 4 5
Anzahl Spieler*innen	8–10 Teilnehmende pro Spielfeld (4 vs. 4 oder Kleinfeld 5 vs. 5)
Zeitlicher Rahmen	20 min (Belastungszeit 3×4–5 min)
Spielfeld	Hallen-Spielfeld (alternativ Kleinfeld); das Feld wird in Außen- und Mittelspur unterteilt
Material	• 1 Schläger pro Spieler*in • 1 Hockeyball • 3×4–6 gleichfarbige Bodenmarkierungen zur Kennzeichnung der Spuren
Übungs- und Spielbeschreibung	Level 1: Es wird ein Spiel im 4 vs. 4 (5 vs. 5) über das gesamte Spielfeld gespielt. Es dürfen max. zwei Spielende eines Teams die mittlere Zone gleichzeitig betreten. Tipp für das erste Level: Spieler*innen in den Außenspuren klar zuordnen (Abb 6.34)
Möglichkeiten der Differenzierung	Level 2: Die Zonen dürfen frei aus- und durchgewechselt werden, solange lediglich zwei Spieler*innen in der mittleren Zone sind.

Spiel in Außenspuren

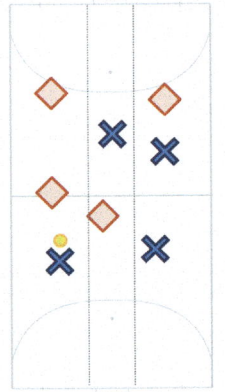

Abb. 6.34 Aufbau Spielform *Außenspuren*

Literatur

Enrich A (2020) Small-Sided Games: How to effectively train your players in variable and complex environments. Eigenverlag

Hänel R, Hillmann W, Lüninghöner J (2013). Feld- & Hallenhockey. Aachen, Meyer & Meyer Verlag, S 87–97

Memmert D, Hillmann W (2014). Zum Kreativitätstraining im Hockey. Sportunterricht 63(2): S 40–48

Mülders J (2014) Gekonnt kontern zum Erfolg. Hockey-Training, 2, In: Deutsche Hockey-Zeitung S 5–8

Nahrmann S (2014a) Auch die „Größten" haben mal klein angefangen. Hockey-Training, 2, In: Deutsche Hockey-Zeitung S 1–4

Nahrmann S (2014b) Clever vorbereitet ist halb gewonnen. Hockey-Training, 3, In: Deutscher Hockey-Zeitung S 1–3

Roth K (2005) Taktiktraining. In Hohmann A, Kolb M, & Roth K (Hrsg) Handbuch Sportspiel. Schorndorf, Hofmann, S 342–349

Roth K, Kröger C (2021) Ballschule: das ABC des Spielens in Schule und Verein. 6., komplett überarbeitete Auflage. Schorndorf, Hofmann

Timmerman EA, Savelsbergh GJP, Farrow D (2019) Creating Appropriate Training Environments to Improve Technical, Decision-Making, and Physical Skills in Field Hockey. Research quarterly for exercise and sport 90.2, S 180–189

Weise M (2014) Mit Tempohockey zum (WM-) Erfolg. Hockey Training, 4 In: Deutscher Hockey-Zeitung

Athletik im Hockey

Zusammenfassung

In den letzten Jahren hat die Relevanz von Athletik im Mannschaftssport allgemein und spezifisch im Feld- und Hallenhockey immer mehr zugenommen. Zum einen gilt es, durch eine Förderung von Kraft, Koordination und Ausdauer Dysbalancen entgegenzuwirken und Verletzungen präventiv zu reduzieren. Zum anderen kann durch die Athletik die Leistung im Spiel wesentlich mitentschieden werden: So müssen beispielsweise die Dauer von 4×15 min durchgespielt, die Sprintfähigkeit aufrechterhalten, das Zweikampfverhalten kräftig realisiert und die Schlagbewegung wendig und schnellreaktiv ausgeführt werden. Die hohe Spieldichte auf nationalem und internationalem Niveau hebt die Relevanz der Periodisierung ebenfalls hervor.

„Team sport performance requires a perfect balance between physical, physiological, technical, tactical, and psychological factors." (Mujika 2009, S. 169)

Hockey als Mannschaftssportart erfordert die umfangreiche Kenntnis und das Vorhandensein technisch-taktischer Fertigkeiten, koordinativer und konditioneller Fähigkeiten sowie psychischer Faktoren. In nachfolgendem Kapitel wird der Fokus insbesondere auf koordinativ-konditionelle Komponenten gelegt, um Verletzungen vorzubeugen und die sportspielspezifische Leistung zu steigern. Die Relevanz der athletischen Faktoren kann auf Basis wissenschaftlicher Untersuchungen begründet werden: Einerseits wurde gezeigt, dass die meisten Verletzungen im Hockeytraining mit mehr als 60 % durch Unfälle ohne Kontakt auftreten. Darunter fallen Verletzungen, die beispielsweise durch Um-, und Wegknicken oder Ausrutschen vorkommen (Dick et al. 2007). Die meisten Verletzungen passieren dabei im Training (60–70 %), während die relative Rate in Spielen gesteigert ist (Murtaugh 2010). Durch eine athletische Ausbildung können

Verletzungen reduziert werden. Andererseits führt die dynamische Anpassung der Regeln im Hockey dazu, dass sich nicht nur das technisch-taktische Spiel verändert, sondern auch das Thema der Athletik stets weiterentwickelt wird und mehr in den Fokus rückt. Beispielsweise führte die Veränderung der Halbzeiten zu Vierteln nachweislich dazu, dass die Anzahl der Auswechslungen gesteigert, die relativ zurückgelegte Distanz erhöht und dadurch das Spiel intensiver wurde (McMahon und Kennedy 2019). Vor der Darstellung trainingsrelevanter Inhalte werden jedoch zunächst athletische Profile im Hockey aufgezeigt.

Das Anforderungsprofil im Hockey wird zum einen durch das strukturelle Profil und zum anderen durch das Aktivitätsprofil bestimmt. Ersteres definiert die Anforderungen entsprechend der allgemeinen Rahmenbedingungen im Hockey: Feld- vs. Hallenhockey, Spielfeldgröße, Spielfelduntergrund, Spielzeit und -pause, Spieler*innenanzahl, Spieltaktik etc. Das Spiel vom Mini-Hockey über das Kleinfeld- zum Dreiviertelfeld- und schließlich zum Feldhockey hat demnach einen wesentlichen Einfluss auf das Anforderungsprofil der Spieler*innen. Auch Regeländerungen – die im Hockey durchaus häufig vorkommen – wirken sich auf die Spielintensität im Sinne der konditionellen Anforderungen aus: Es konnte in wissenschaftlichen Untersuchungen gezeigt werden, dass die Intensität des Spiels durch die Einführung der Spielviertel sowie des Selfpasses gesteigert wurde. Zudem wurden mehr Dribblings als Methode zum Eindringen in den Schusskreis genutzt (Tromp und Holmes 2011). In Ergänzung dazu spielt in der Anwendung die Periodisierung eine wesentliche Rolle. Die Vorbereitung und der Start für die nationale Feldhockeysaison finden im (Spät-)Sommer statt. Die Saison wird im Winter von der zwei- bis dreimonatigen Hallensaison abgelöst und schließlich im Frühjahr bis Sommer beendet. Internationale Spiele und Turniere (Europa- und Weltmeisterschaft, Hockey Pro League, Olympische Spiele) ergänzen die nationalen Wettkämpfe. Durch das Aktivitätsprofil kann hingegen dargestellt werden, welche Bewegungen koordinativ und konditionell ausgeführt werden. Wichtige Einflussfaktoren auf die Laufleistung stellen dabei spieler*innenspezifische Kenngrößen, wie das Leistungsniveau (Jennings et al. 2012b), die Positionen der Spielenden (Sunderland und Edwards 2017; McGuinness et al. 2019 u. a.) und das Geschlecht sowie der Spiel- oder Turnierzeitpunkt dar (MacLeod et al. 2007; Jennings et al. 2012a u. a.).

Kondition kann in die Kategorien Ausdauer, Kraft, Schnelligkeit und Beweglichkeit unterteilt werden (Steinhöfer 2015).

Erwachsene hochklassige Spieler*innen bewegen sich in einer 4×15-minütigen Spielzeit 5,5–10 km fort. Die Distanz variiert stark je nach Betrachtung der Netto- oder Bruttospielzeit. Dabei wird die meiste Distanz während eines Spiels bei mittlerer Intensität zurückgelegt (knapp unter 3 km). Mit geringeren, hohen und höchsten Intensitäten werden im Durchschnitt 2000 m (Männer: 6800 m, da niedrige und mittlere Intensitäten zusammengefasst wurden), 700 m (Männer: 2000 m) und 180 m (Männer: 280 m) zurückgelegt (Kiefer 2021). Die häufigste Fortbewegungsart ist dementsprechend gehend oder joggend mit jeweils über 40 %; der relative Anteil hochintensiver Geschwindigkeit liegt laut der Untersuchungen <2 % (Buglione et al. 2013; Macutkiewicz und Sunderland 2011 u. a.).

Demnach wird im Feldhockey sowohl die aerobe als auch die anaerobe Ausdauer gefordert. Die extensive Ausdauer sowie die Grundlagenausdauer werden benötigt, um das Spiel über den Zeitraum von einer Stunde zu bewältigen und notwendige Stoffwechselprozesse für eine aktive Erholung einzuleiten bzw. zu beschleunigen.

Sportartspezifische intensive Ausdauer und Sprintausdauer dienen dazu, dass sich wiederholende kurze intensive Sprintphasen im Verlauf des Spiels gewinnbringend umgesetzt und die Übersäuerung der Muskeln reduziert wird (Laktatelimination). Ziel ist es, dass die Spieler*innen auch im letzten Viertel hohe Laufgeschwindigkeiten produzieren können und die Laufleistung nicht abnimmt, wie in einigen Studien bereits wiedergegeben werden konnte (auch: repeated sprint ability, MacLeod et al. 2007; Jennings et al. 2012b; Spencer; Vizcaya und Forstner 2017). Je nach Untersuchung können ca. acht bis 20 Sprints pro Spieler*in gezählt werden (Kiefer 2021). Es ist zu betonen, dass der Anteil an Sprints zwar einen relativ geringen Anteil im Spielverlauf hat, diese aber häufig spielentscheidend sind (Zweikampf, Konter, Torschuss). Die Spielposition beeinflusst dabei den Anteil der Laufbelastung: Während auf Abwehrpositionen häufig mehr Distanz in mehr Gesamtspielzeit zurückgelegt wird (Sunderland und Edwards 2017; McGuinness et al. 2019 u. a.), ist der Anteil an hohen und höchsten Laufgeschwindigkeiten auf Mittelfeldpositionen (Gabbett 2010; Jennings et al. 2012b u. a.) oder Sturmpositionen höher (Sunderland und Edwards 2017; McGuinness et al. 2019 u. a.).

Die sportspielspezifische Anforderung an die Kraftfähigkeit beinhaltet insbesondere die Kraftausdauer, die Maximalkraft – im Verhältnis zum Körpergewicht – die Reaktiv- und Schnellkraft (Start- & Explosivkraft). Ziel ist es, dass Laufbewegung, Tempo- und Richtungswechsel kraftvoll ausgeführt werden, Schlagbewegungen den Ball schnellkräftig zum Tor bringen und Zweikämpfe gewonnen werden können. Gleichzeitig spielt im Hockey die Stabilisierung und der Ausgleich von möglichen muskulären Dysbalancen eine wichtige Rolle, da durch die Technik (Schlagbewegungen) viele Rotationen zur rechten Schulter und in gebückter Haltung erfolgen (siehe „Erwärmung").

Eng damit verknüpft ist die geforderte Schnelligkeit im Hockey. So wird das Beschleunigungsvermögen durch die Start- und Explosivkraft mitbestimmt. Während Antritte und Körpertäuschungen vor allen Dingen dem azyklischen Beschleunigungsvermögen zugeordnet werden können, werden durch die zyklische Bewegungsschnelligkeit insbesondere Sprints abgebildet. Wissenschaftliche Untersuchungen zeigen, dass Spieler „fast viermal pro Minute" antreten oder abstoppen müssen (Vizcaya und Forstner 2017, S. 34). Dies spiegelt die Relevanz der kräftigen Muskulatur nicht nur als leistungssteigernder, sondern auch als verletzungspräventiver Faktor wider. In Ergänzung dazu sind zudem die Reaktionsschnelligkeit, beispielsweise in Reaktion und Antizipation auf das aktuelle Spielgeschehen, sowie die Schnelligkeitsausdauer im Hockeyspiel notwendig (Chiatellino 2006).

Auch wenn die allgemeine und spezielle Beweglichkeit primär in Bezug zum Ganzkörperstabilisationstraining während der Erwärmung behandelt wird, ist diese im Hockey ebenfalls von grundlegender Relevanz. Eine gute sportartspezifische Beweglichkeit in den unteren Extremitäten kann sich beispielsweise positiv auf die Reaktionsschnelligkeit auswirken; die Beweglichkeit im Schulterbereich führt z. B. zu einer vergrößerten Reichweite bei Abwehrhandlungen. Auch hier ist die Beweglichkeit zum Ausgleich von einseitigen Belastungen verletzungspräventiv zwingend notwendig.

Koordination beschreibt „… das Zusammenwirken von gezielter Informationsaufnahme, der geistigen Verarbeitung der Information und der darauffolgenden nervösen Steuerung mit anschließender muskulärer Ausführung" (Voigt und Westphal 1995, S. 7 in Steinhöfer 2015, S. 23). Im Hockey werden alle koordinativen Fähigkeiten nach Meinel und Schnabel (2007) gefordert und gefördert. Auch wenn keine isolierte Betrachtung möglich ist, werden nachfolgend praktische Beispiele aus dem Hockey aufgeführt:

- Differenzierungsfähigkeit – Kraftdosierung bei Schlenzbällen
- Rhythmisierungsfähigkeit – Tempowechsel beim Umspielen (1 vs. 1)
- Räumliche Orientierungsfähigkeit – Vororientierung und Antizipation
- Kopplungsfähigkeit – Anwendung von Techniken bei gleichzeitigem Tempowechsel
- (Komplexe) Reaktionsfähigkeit – Verteidigungsstecher im 1 vs. 1
- Gleichgewichtsfähigkeit – Stabilisierung des Körperschwerpunkts im Zweikampf
- Umstellungsfähigkeit – Wechsel zwischen Angriff und Verteidigung bei Kontersituationen

▶ **Tipp** Das Hockeyabzeichen des DHB überprüft die technischen Fertigkeiten im Hockey, wobei die koordinativen Fähigkeiten die Grundlage für die zu absolvierenden Aufgaben bilden.

Das Training von Koordination und Kondition dient schlussendlich nicht nur zur Leistungssteigerung, sondern auch zur Vorbeugung von Verletzungen im Hockey (Leppänen et al. 2014). Dementsprechend ist die Integration einer sinnvollen Erwärmung im Hockey unabdingbar. Auf Basis aktueller wissenschaftlicher Untersuchungen können folgende Empfehlungen festgehalten werden: Zunächst sollte eine Erwärmung ein grundlegender Bestandteil der Trainingseinheit werden. Dazu ist es empfehlenswert, eingangs eine allgemeine und schließlich eine sportspielspezifische Erwärmung umzusetzen. Eine Dauer von ca. 15 min ist bereits ausreichend, um die relevanten Inhalte als Erwärmungsroutine aufzunehmen. Ziel ist es, das Bindegewebe vorzubereiten, ausgleichende, mobilisierende sowie erwärmende Übungen zu integrieren und einen neuronalen, physischen und psychischen ersten Stimulus zu setzen (Bishop 2003; Larson 2014). Nach Jeffreys (2007) sollten folgende vier Elemente entsprechend des *RAMP*-Protokolls unbedingt in die Erwärmung integriert werden:

1) Mentales und physisches Ankommen; Herz-Kreislauf-Erwärmung (auch: **R**aise)

Beispiel: Erwärmung durch kognitive Spiele, „Einlaufen"

2) Aktivierung der sportartspezifischen Muskulatur (auch: **A**ctivation)

Identisch zu anderen Sportspielen wird beim Hockeyspielen die Muskulatur des gesamten Körpers eingesetzt. Besondere Funktionen haben u. a.:

- Beinmuskulatur (insbesondere Oberschenkelrückseite): Aktivierung für Sprints und zur Stabilität vor allem im Kniegelenk und Kraftfähigkeit im Zweikampf
- Hüftbeuger und -strecker: häufig Verkürzung
- Muskulatur des Gesäßes und des unterer Rückens: häufig sehr stark ausgebildete Muskulatur – Stabilisierung im Rumpf durch eine Stärkung der Bauchmuskulatur sinnvoll
- Rumpfmuskulatur: Vorbereitung der Rotation des Oberkörpers in dynamischen Spielsituationen (z. B. bei der Anwendung des Schlags)
- Schultermuskeln: Aktivierung und Stabilisierung für technische Fertigkeiten und Zweikampfverhalten

Beispiel: World Greatest Stretch, Handwalk, Sumohocke etc.

3) Mobilisierung der sportartspezifischen Gelenke (auch: **M**obilisation)

Die Mobilisation kann gut gemeinsam mit der Aktivierung durchgeführt werden.
     Beispiel: Stabilisierung des Sprunggelenks mithilfe der Standwaage, Mobilisation des Hüftgelenks und Öffnung des Schultergürtels

4) Koordinativ anspruchsvolle Bewegungen, wie beispielsweise Antritt- und Abstoppbewegungen (auch: **P**otentiation)

Es werden kognitiv anspruchsvollere und Sprintspiele integriert.
     Beispiel: Lauf-ABC mit Laufleiter, kürzere Antritte, Sprintspiele mit Schläger und Ball (z. B. TicTacToe).
     Alle Elemente der Erwärmung werden mithilfe des Begriffs *RAMP* zusammengefasst. Eine aktive Vorbereitung des*der Sportlers*in ist dabei unabdingbar, um Verletzungen aus der Bewegung heraus zu vermeiden.
     Ideen zur Trainingsplanung im Bereich Athletik sowie Technik und Taktik können auf der Seite des DHB unter Rahmentrainingsplänen gefunden werden.

Literatur

Bishop D (2003a) Warm up I. Potential mechanisms and the effects of passive warm up on exercise performance. Sports Med 33(6):439–454

Bishop D (2003b) Warm up II. Performance changes following active warm up and how to structure the warm up. Sports Med 33(7):483–498

Buglione A, Ruscello B, Milia R, Migliaccio GM, Granatelli G, D'Ottavio S (2013) Physical and physiological demands of elite and sub-elite field hockey players. Int J Perform Anal Sport 13(3):872–884

Chiatellino C (2006) Hockeyspezifisches Schnellkrafttraining. Köln, Dt. Sporthochsch., Dipl.-Arb., 2006. Print

Gabbett TJ (2010) GPS analysis of elite women's field hockey training and competition. J Strength Cond Res 24(5):1321–1324. https://doi.org/10.1519/JSC.0b013e3181ceebbb

Jeffreys I (2007) Warm-up revisited: the ramp method of optimizing warm-ups. Prof Strength Cond 6:12–18

Jennings D, Cormack SJ, Coutts AJ, Aughey RJ (2012a) GPS analysis of an international field hockey tournament. Int J Sports Physiol Perform 7(3):224–231. https://doi.org/10.1123/ijspp.7.3.224

Jennings DH, Cormack SJ, Coutts AJ, Aughey RJ (2012b) International field hockey players perform more high-speed running than national-level counterparts. J Strength Cond Res 26(4):947–952. https://doi.org/10.1519/JSC.0b013e31822e5913

Kiefer K (2021) Geschlechtsspezifische Evaluation der Aktivitätsprofile im Feldhockey. Deutsche Sporthochschule Köln, Bachelorarbeit

Larson R (2014) Customizing the warm-up and cool-down. In Joyce D & Lewindon D (Hrsg), High-Performance Training for Sports, Human Kinetics, Champaign, Ill. u. a, S 99–112 2014. Print

Leppänen M, Aaltonen S, Parkkari J, Heinonen A, Kujala UK (2014) Interventions to prevent sports related injuries: a systematic review and meta-analysis of randomised controlled trials. Sports Med 44:473–486

MacLeod H, Bussell C, Sunderland C (2007) Time-motion analysis of elite women's field hockey, with particular reference to maximum intensity movement patterns. Int J Perform Anal Sport 7(2):1–12. https://doi.org/10.1080/24748668.2007.11868392

Macutkiewicz D, Sunderland C (2011) The use of GPS to evaluate activity profiles of elite women hockey players during match-play. J Sports Sci 29(9):967–973. https://doi.org/10.1080/02640414.2011.570774

McGuinness A, Malone S, Petrakos G, Collins K (2019) Physical and physiological demands of elite international female field hockey players during competitive match play. J Strength Cond Res 33(11):3105–3113. https://doi.org/10.1519/JSC.0000000000002158

McMahon GE, Kennedy RA (2019) Changes in player activity profiles after the 2015 FIH rule changes in elite women's hockey. J Strength Cond Res 33(11):3114–3122. https://doi.org/10.1519/JSC.0000000000002405

Meinel K, Schnabel G (2007) Bewegungslehre, Sportmotorik : Abriss einer Theorie der sportlichen Motorik unter pädagogischem Aspekt, 11. überarb. und erw. Aufl. Aachen, Meyer & Meyer, Print

Murtaugh K (2010) Field hockey. In: Caine DJ, Harmer PA, Schiff MA (Hrsg) Epidemiology of injury in olympic sports (Encyclopaedia of Sports Medicine). Wiley-Blackwell, Oxford, S 133–143

Spencer M, Lawrence S, Rechichi C et al (2004) Time–motion analysis of elite field hockey, with special reference to repeated-sprint activity. J Sports Sci 22(9):843–850. https://doi.org/10.1080/02640410410001716715

Spencer M, Rechichi C, Lawrence S et al (2005) Time-motion analysis of elite field hockey during several games in succession: a tournament scenario. J Sci Med Sport 8(4):382–391. https://doi.org/10.1016/S1440-2440(05)80053-2

Steinhöfer D (2015) Athletiktraining im Sportspiel: Theorie und Praxis zu Kondition, Koordination und Trainingssteuerung, 3., durchges. Aufl., Philippka, Münster 2015. Print

Sunderland CD, Edwards PL (2017) Activity profile and between-match variation in elite male field hockey. J Strength Cond Res 31(3):758–764. https://doi.org/10.1519/JSC.0000000000001522

Tromp M, Holmes L (2011) The effect of free-hit rule changes on match variables and patterns of play in international standard women's field hockey. Int J Perform Anal Sport 11(2):376–391

Vizcaya FJ, Forstner U (2017) Analyse der Laufbelastung im Hochleistungshockey. Leistungssport 47(3):31–36

Varianten des Hockeysports

8

Zusammenfassung

Neben den olympischen Hockeyspielen wie Feldhockey (Olympische Spiele Sommer) sowie Eishockey (Olympische Spiele Winter) existiert eine Vielzahl an Varianten des Hockeyspiels. Gemeinsamkeit ist dabei die Spielidee: Zwei Mannschaften versuchen gleichzeitig, einen Gegenstand mit einem Schläger in ein Tor zu schießen, während das eigene Tor verteidigt wird. Durch eine Variation des Untergrunds (Beachhockey), des Raumes (Unterwasserhockey und Hockey5) sowie des Materials (Floorball) kann die Spielidee in unterschiedlichen Settings ausgeführt werden.

Varianten des Feld- und Hallenhockeys können angewandt werden, um mit variierenden Rahmenbedingungen sportspielgerichtete Fertigkeiten und Fähigkeiten im Hockey zu schulen. Die Spielidee „Tore schießen und Tore verteidigen" ist für alle Varianten identisch. Gleichzeitig existieren jedoch auch eigene Ligen und/oder Turnierstrukturen, sodass die hier aufgeführten Varianten ebenfalls als eigenständige Sportspiele/ Spielformen verstanden werden sollen.

Beachhockey

Seit 2003 wird Hockey auch als Spielform am Strand angeboten. Der Ursprung des Event-Sportspiels Beachhockey liegt in den Niederlanden; seit 2006 werden auch Turniere in Deutschland, u. a. in Form von Jugendcamps an der Nord- und Ostsee oder zur Deutschen Meisterschaft am Timmendorfer Strand, realisiert.

Rahmenbedingung: Beachhockey wird auf einem 20×30 m großen Feld gespielt, das mit aufblasbaren Seitenwänden abgegrenzt wird. Es gibt keine Torschusszone, eine 8 m-Zone wird jedoch für Freischlagsituationen markiert. Die Teams setzen sich aus vier Spieler*innen plus Torhüter*in zusammen und die Spielzeit beträgt $2-4 \times 7$ min.

© Der/die Autor(en), exklusiv lizenziert an Springer-Verlag GmbH, DE, ein Teil von Springer Nature 2024
A. Krause et al., *Feld- und Hallenhockey – Das Praxisbuch für Studium, Training und Freizeitsport,* Sportpraxis, https://doi.org/10.1007/978-3-662-68885-4_8

Material: Ein handballähnlicher Lederball wird mit Beachhockey-Schlägern über das Spielfeld befördert. Schutzausrüstung und Schuhe können – je nach Turnierregeln – erlaubt werden.

Wichtigste Regeln: Die Regeln zum Spielen des Balls ähneln den Regeln im Feld- und Hallenhockey. Die wichtigsten Unterschiede sind wie folgt:

- Spielen des Balls über Kniehöhe erlaubt, Ball in der Luft: max. 4 s
- Kein absichtliches Spiel mit Fuß und Körper (Feldspieler*innen); für Torhüter*innen erlaubt
- Spielen des Balls und Spielen mit dem Schläger über Schulterhöhe unter Ausschluss einer Gefährdung erlaubt
- Ausführung eines Freischlags von einem Sandhügel aus möglich
- Halten des Balls durch Torhüter*in ausschließlich in der 2 m-Zone
- Freischlag: direktes Spiel oder Selfpass erlaubt; Abstandsregelung 4 m
- Innerhalb der 8 m-Zone: leichtes Vergehen/ Freischlag (8 m-Markierung)
- Grobes Vergehen/ 8 m-Schlag
- Persönliche Zeitstrafen (1 min/ 2 min/ 3 min)

Unterwasserhockey (auch: Octopush)
Beim Unterwasserhockey wird ein Puck auf dem Beckenboden mit einem kurzen Schläger in eine Rinne befördert. Ursprünglich wurde das Octopush zum Üben von Tauchgängen entwickelt und 1954 durch Alan Blake (Southsea Sub-Aqua Club) im Vereinigten Königreich entwickelt. Inzwischen ist das Sportspiel durch die weltweite Organisation CMAS (World Underwater Federation) mit 130 Verbänden auf fünf Kontinenten vertreten. International wird Octopush in Weltmeister- und Kontinentalmeisterschaften gespielt. National existiert bereits eine eigene Liga; häufiger werden aktuell (Stand 2022) jedoch regionale Turniere mit Teams aus angrenzenden Ländern umgesetzt.

Rahmenbedingungen: Beim Octopush wird in einem ca. 15×25 m breiten und 2–3,60 m tiefen Becken gespielt. Es gibt keine Torschusszone; es werden jedoch Penalty-Schuss-Bereiche vordefiniert. Pro Team sind sechs Spieler*innen und vier Auswechsler*innen auf dem Spielfeld und die Spielzeit beträgt 2×15 min mit einer Pause von 3 min.

Material: Gespielt wird mit einem Schläger (max. 35 cm) und einem Blei-Puck (ca. $1,3 \pm 0,2$ kg). Der Puck wird ausschließlich unter Wasser fortbewegt und die Spieler*innen tragen eine Schnorchelausrüstung sowie eine weiße oder schwarze Kappe. Schutzausrüstung in Form eines Handschuhs ist erlaubt.

Wichtigste Regeln:

- Spiel mit Schläger: Schiebepass oder Flick (= hoher weiter Pass)
- Start: eine Hand am Beckenrand
- Fouls: Schieben, Ziehen oder Festhalten von Spieler*innen, Spiel des Pucks ohne Schläger (unabsichtliche Berührung des Handrückens wird nicht geahn-

det), Blockieren und Spielverzögerung, Aufnahme/ Transport des Pucks, Fouls gegen Schläger und Körper, gefährliches Spiel

- Konsequenz geringfügiges vs. schlimmeres Foul
- Möglichkeiten zum Wechseln (einheitlich für das Turnier): vom Beckenrand (seitlich), im Wasser (seitlich), an der Torseite
- Spielstrafen: Verwarnung – Zeitstrafen (1, 2, 5 min) – Ausschluss vom Spiel

Weitere: equal puck, advantage puck, penalty shot, penalty goal

Weiterführende Literatur
CMAS (2018) Underwater Hockey Rules of Play. Eleventh edition. https://www. cmas.org/document?sessionId=&fileId=5287&language=. Zugegriffen: 4. Mai 2022
Verband deutscher Sporttaucher (2021) Unterwasser-Hockey. https://www.vdst. de/. Zugegriffen: 30. Okt 2022

Hockey5
Hockey mit fünf Spieler*innen in einem mit Banden umrundeten Spielfeld wurde bei einem internationalen Turnier erstmalig 2014 in Nanjing bei den Youth Olympic Games gespielt. Seitdem wächst die Popularität dieser Hockeyvariante; 2018 wurde Hockey5 bereits in 60 Ländern gespielt. Die wichtigsten Charakteristiken von Hockey5 (in Abgrenzung zu Hockey11) beinhalten, dass es ein sehr schnelles Hockey-Format ist, welches mit weniger Spieler*innen, geringerem Platzverbrauch und auf variablen Untergründen gespielt werden kann. Es birgt die Vorteile, dass die Attraktivität durch den Event-Charakter (schnelles Spiel, mehr Tore, mehr Spielfelder auf einem Hockeyfeld) steigt und Hockey in den Regionen spielbar wird, in denen weniger Spieler*innen pro Mannschaft zur Verfügung stehen. Aktuell wird die Spielform durch den internationalen Hockeyverband (FIH) als Ergänzung zum klassischen Feldhockey unterstützt (Stand 2022).

Rahmenbedingungen: Das Spielfeld misst eine Größe von $40 \times 23{,}7$ m (Vergleichbarkeit Halle) und wird mit Banden begrenzt. Die Mittellinie stellt die Torschusslinie dar und es existieren Penalty-Markierungen, welche 6,4 m von der Torlinie entfernt sind. Pro Team spielen fünf Spieler*innen inkl. Torhüter*in plus vier Auswechsler*innen bei einer Spieldauer von 2×10 min.

Material: Im Hockey5 wird – identisch zum Feldhockey – mit einem Hockeyschläger und einem Hockeyball gespielt. Die erlaubte Schutzausrüstung umfasst einen Mundschutz, Handschuh sowie Schienbeinschoner.

Wichtigste Regeln: Grundsätzlich wird nach klassischen (Feld-)Hockeyregeln gespielt; Besonderheiten im Regelwerk können wie folgt zusammengefasst werden:

- Keine kurze (Straf-)Ecke
- Erlaubte Techniken: Schieben, Schlagen, Schlenzen
- Freistoß: Abstandsregelung 4 m; Ausführung außerhalb des letzten Feldviertels, auch wenn der Freischlag im Angreifer-Viertel vergeben wurde

Weiterführende Literatur
FIH (OA). An introduction to Hockey5s – Grassroots to Elite. www.fih.de. Zugegriffen: 10. Okt 2022

FIH (2020). Rules of Hockey5s including explanations. www.fih.de. Zugegriffen: 10. Okt 2022

Hafner (2022) Hockey 5 – Ein Kommunikationskonzept zur Etablierung des neuen Spielformats. Masterarbeit, DSHS Köln.

Unihockey/ Floorball

Unihockey oder Floorball wird mit einem Lochball und Plastikschlägern gespielt, bei dem beide Seiten der Keule zum Spielen genutzt werden dürfen. Das Spiel ähnelt stark dem Eishockey- oder Streethockey-Spiel auf Hallenboden. Ursprünglich wurde diese Sportart in den 1950er Jahren in Nordamerika entwickelt und hat sich in den 1970er Jahren vor allen Dingen nach Skandinavien (Finnland, Schweden) und in die Schweiz verbreitet. Den internationalen Floorball-Verband (International Floorball Federation, IFF) gibt es seit den 1980er Jahren; Deutschland ist in den 1990er Jahren dem Verband beigetreten. Vorteile von Unihockey sind u. a. ein vereinfachtes Regelwerk, geringe Materialkosten sowie die mögliche Differenzierung der Teams von Klein- zu Großfeld hin zu Mixed. Nachfolgend wird eine Übersicht über das Großfeld-Spiel gegeben.

Rahmenbedingungen: Beim Unihockey wird auf einem 40×20 m großen Spielfeld gespielt. Vor jedem Tor gibt es einen Torraum von 4 m; es darf jedoch von überall auf das Tor geschossen werden. Ähnlich zum Eishockey sind auf dem Spielfeld Bullypunkte zur Ausführung von Freischlägen markiert. Pro Team sind fünf Spieler*innen plus Torhüter*in auf dem Spielfeld und die Spielzeit beträgt 3×20 min.

Material: Gespielt wird mit einem Schläger und einem Lochball (ca. $1{,}3 \pm 0{,}2$ kg). Der Ball wird ausschließlich mit der Keule (auch: Schaufel) fortbewegt.

Wichtigste Regeln:

- Spielen des Balls mit Schläger oder Fuß bis Kniehöhe
- Ausholen des Schlägers bis Hüfthöhe
- Torhüter*in: Spiel mit Hand, kein Rückpass zum*zur Torhüter*in (seit 2004)
- Standardsituationen: Bully, Freischlag, Einschlag, Strafstoß
- Abstandsregelung: 3 m
- Erzielen eines direkten Tors möglich
- Mögliche Vergehen: z. B. Stockschlag, Spiel mit Kopf, Hände oder auf dem Boden (Ausnahme Torhüter*in), Checks
- Zeitstrafen: Variieren zwischen 2, 5 und 10 min sowie Matchstrafen

Weiterführende Literatur
Floorball-Verband e. V. Deutschland (2020) Floorball – exklusiv inklusiv – der ideale Schulsport. https://www.floorball.de/?wpfb_dl=351. Zugegriffen: 4. Nov 2020

IFF (2019) International Floorball Federation. https://floorball.sport/. Zugegriffen: 3. Mai 2020

Kratchovil J, Nebe T (2014) Floorball. Geschichte, Training, Taktik. Aachen, Meyer & Meyer Verlag

Specialhockey

9

Zusammenfassung

Specialhockey richtet sich an Spielende mit und ohne geistige Beeinträchtigung. Das Hockeyspiel wird dabei nahezu identisch wie im Kleinfeldhockey durchgeführt. Nach internationalem Regelwerk spielen sechs Spieler*innen und ein*e Torhüter*in in einer Mannschaft. Eine Besonderheit ist, dass gemischtgeschlechtlich gespielt wird und die Teams entsprechend dem Grad der Beeinträchtigung der Sportler*innen ihren Wettkampfklassen zugeordnet werden. Zu den Trainingsempfehlungen gehören, dass das Training so zu strukturieren ist, dass viele Wiederholungsmöglichkeiten gegeben werden, die Übungen und Spielformen individualisiert angepasst sind und die Anleitung mit einfacher Sprache erfolgt.

Specialhockey (international auch: Hockey-ID für „intellectual disability") bezieht sich auf das Hockeyspiel einer bestimmten Zielgruppe durch Athlet*innen mit geistiger (evtl. auch körperlicher) Beeinträchtigung. In Deutschland konnte das erste Specialhockey-Turnier auf Vereinsebene bereits 1981 mit dem Walter-Meyer-Gedächtnisturnier in Mönchengladbach realisiert werden. Der DOSB veröffentlichte 2013 ein Strategiekonzept zu „Inklusion im und durch Sport" mit dem Ziel für „[mehr] gleichwertiges, gleichberechtigtes und auch gemeinsames Sporttreiben" (DOSB 2015, S. 4). Im Hockey wird diese Idee bereits seit langer Zeit umgesetzt. Seit dem ersten Netzwerktreffen 2016 wird die Thematik zunehmend auch auf Verbandsebene bearbeitet, wobei sie rasch an Bedeutung gewinnt. International trat das inklusive Hockeyspiel zunächst 2006 im Kontext der Weltmeisterschaft in Erscheinung; zuletzt wurde Feldhockey als Sportart der Special Olympic World Games offiziell etabliert (Juni 2023). Die Specialhockey-Athlet*innen der deutschen Nationalmannschaften konnten 2023 die Erfolge einer Special Olympics-Goldmedaille und einen Titel als Europameister verzeichnen.

Das Besondere am Specialhockey ist dabei die Förderung der Individualitäts-
und Persönlichkeitsentwicklung sowie die Etablierung von Chancengleichheit im
und durch Sport. Letztlich wird Hockey nach klassischen, leicht vereinfachten Regeln im Kleinfeldmodus (sechs Feldspieler*innen plus Torhüter*in) oder Hallen-
modus (fünf Feldspieler*innen plus Torhüter*in) gespielt.

Die wichtigsten Unterschiede (Stand 2023, FIH) umfassen:

- Verkürzte Spielzeit (2×12, 5–15 min)
- Durchführung eines Shoot-Outs bei einem Regelvergehen in der eigenen Hälfte
  (siehe Beispiel); die Strafecke findet im Specialhockey keine Anwendung
- Durchführung eines 7 m-Schusses bei einem Regelverstoß im eigenen Schuss-
  kreis mit gleichzeitiger Torverhinderung
- Anpassung der Zeitstrafen für die grüne, gelbe und rote Karte
- Abstandsregelung bei Freischlag: 3 m (FIH 2022)

Beispiel

Im Specialhockey findet die Strafecke keine Anwendung. Stattdessen wird ein
Shoot-Out, ähnlich zum Penalty Shoot-Out wie in Abschn. 6.3 beschrieben,
durchgeführt. Der Ball wird im Kleinfeld auf die Mittellinie gelegt. Angreifende*r und Torhüter*in spielen nach Anpfiff ein 1 vs. 1 aus. Der Shoot-
Out ist zeitlich mit 10 s begrenzt. In folgenden Situationen wird ein Shoot-Out
gepfiffen:

a) Innerhalb des Schusskreises:
   – Regelverstoß ohne Torverhinderung
   – Absichtlicher Regelverstoß gegen eine*n Gegenspieler*in ohne Ball-
     besitz oder Spielmöglichkeit
   – Ball verfängt sich in der Kleidung innerhalb des Schusskreises
b) Außerhalb des Schusskreises (eigene Spielfeldhälfte):
   – Absichtlicher Regelverstoß gegen eine*n Gegenspieler*in
   – Absichtliches Spiel über die eigene Grundlinie (FIH 2022) ◄

Alle Regeln sind dabei in leichter Sprache verfasst; Trainer*innen und Schiedsrichter*innen erhalten die Möglichkeit einer zielgruppenorientierten Zusatzaus-
bildung.

▶ **Tipp**
   Für Übungsleiter*innen, Trainer*innen und Schiedsrichter*innen können folgende Tipps aufgeführt werden:

   - Vermeidung von Unter- und Überforderung
   - Positiv agieren und Geduld haben
   - Anwendung von leichter Sprache (und bildlichen Veranschau-
     lichungen)

- Rituale nutzen
- Wiederholungen und unterschiedliche Schwierigkeitsstufen anbieten (Individualität!)
- Vermeidung von Sonderrollen, aber Verständnis für besondere Situation (Sensibilisierung)
- Neben sportspielspezifischen Fertigkeiten und Fähigkeiten auch die Förderung von Gesundheit, Kraft, Koordination und Selbstständigkeit berücksichtigen
- Orientierung an den Stärken und Potenzialen der Menschen
- Kommunizieren & Vernetzen (Sandkaulen 2018)

Während im Specialhockey Athlet*innen mit geistiger Behinderung zusammenspielen, gibt es auch Programme, bei denen Inklusion im und durch Sport von Menschen mit und ohne geistiger Behinderung gelebt wird. Ein Beispiel hierfür ist das Sportprogramm Unified Sports® von den Special Olympics, bei welchem das inklusive Spiel im Fokus steht.

Literatur

DOSB (2015) Strategiekonzept Inklusion im und durch Sport. https://cdn.dosb.de/alter_Datenbestand/fm-dosb/arbeitsfelder/Breitensport/Inklusion/2016/DOSB_Strategiekonzept_barr.pdf. Zugegriffen: 15. März 2020

FIH (2022) Rules of para-hockey for athletes with an intellectual disability (HockeyID). https://www.fih.hockey/static-assets/pdf/2022-para-id-rules-final.pdf. Zugegriffen: 15. Juni 2023

Sandkaulen (2018). Specialhockey Start-up Leitfaden. Eigene Veröffentlichung

Appendix

Zeichenerklärung zu den Abbildungen

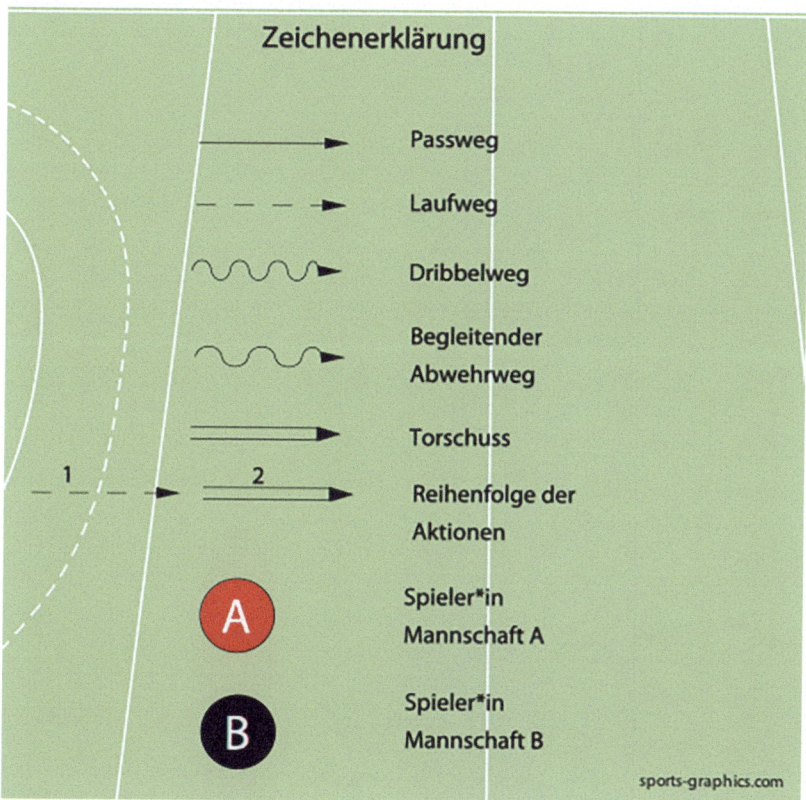

Grafiken: Wolfgang Hillmann mit dem Grafikprogramm easy Sport-Graphics (www.easysportssoftware.com).

A. Krause et al., *Feld- und Hallenhockey – Das Praxisbuch für Studium, Training und Freizeitsport,* Sportpraxis, https://doi.org/10.1007/978-3-662-68885-4

Stichwortverzeichnis

GPSR Compliance

The European Union's (EU) General Product Safety Regulation (GPSR) is a set of rules that requires consumer products to be safe and our obligations to ensure this.

If you have any concerns about our products, you can contact us on ProductSafety@springernature.com

In case Publisher is established outside the EU, the EU authorized representative is:

Springer Nature Customer Service Center GmbH
Europaplatz 3
69115 Heidelberg, Germany

The manufacturer's authorised representative in the EU is Springer
Nature Customer Service Centre GmbH, Europaplatz 3, 69115 Heidelberg,
Germany. If you have any concerns regarding our products, please
contact ProductSafety@springernature.com

Printed and bound by CPI Group (UK) Ltd, Croydon, CR0 4YY
28/04/2026
02098540-0008